Shirley MacLaine

Hommage **Shirley MacLaine**

JOVIS

STIFTUNG DEUTSCHE KINEMATHEK
UND INTERNATIONALE FILMFESTSPIELE BERLIN
RETROSPEKTIVE 1999

©1999 by
Stiftung Deutsche Kinemathek
und Jovis Verlagsbüro

Redaktion:
Gabriele Jatho

Leitung der Retrospektive:
Wolfgang Jacobsen

Organisation:
Martin Koerber

Gestaltung und Layout:
Volker Noth Grafik-Design/Ehret

Umschlagfoto:
Academy of Motion Picture Arts and Sciences /
The Margaret Herrick Library, Beverly Hills

Satz und Lithografie:
Satzinform, Berlin

Druck:
DBC Druckhaus Berlin-Centrum, Berlin

Jovis
Verlagsbüro
Kurfürstenstraße 15/16
10785 Berlin

ISBN 3-931321-70-3

Inhalt

Shirley MacLaine, um 1980

Shirley MacLaine

It is an honor for me to be honored in Berlin yet again.

I hold you in my heart with great affection and appreciation and will see you soon —

Much Love & Light

Shirley MacLaine

Shirley MacLaine, um 1960

Annette Kilzer # Teufelin in Pastell

Ja, sie ist eine Diva. Wen immer man fragt, der stimmt zu. Kein Zweifel. Dabei mangelt es Shirley MacLaine doch so offensichtlich an allen Attributen und Attitüden, die eine Diva erst ausmachen.

Sie ist ein Showstar. Auf den Konzerten, die sie seit den siebziger Jahren gibt, verströmt sie Glanz und Glamour. Glitzernde Kostüme, mit Verve geschmetterte Songs, perfekte Selbstinszenierung und diese noch immer aufregenden Beine, die – wie ein Casting-Agent, der sie Anfang der fünfziger Jahre für einen ihrer ersten Jobs engagierte und mit einer Verkaufsshow für Küchengeräte durch die amerikanische Provinz schickte, scharfsinnig formulierte – »an den Schultern losgehen«. Auf der Bühne ist sie eine Diva. Doch wer hat Shirley MacLaine schon jemals live gesehen? Auch ihr Bild in der Öffentlichkeit ist das einer modernen und medienbewußten, engagierten und eleganten, weltgewandten und weitgereisten Dame.

In ihrer eigentlichen Karriere als Schauspielerin aber sind die divenhaft inszenierten Starauftritte selten und Close-ups Mangelware. Statt uns lange, verheißungsvolle Blicke unter ihren elegant geschwungenen Wimpern zuzuwerfen, klimpert sie meist nervös und unglücklich mit den Lidern. Sie becirct nicht mit Sirenengesang und haucht auch nicht verrucht ins Mikrophon, sondern quäkt in ARTISTS AND MODELS mit Jerry Lewis im Duett. Ihre Haut ist nicht wie Milch und Honig, sondern über und über mit Sommersprossen gesprenkelt. Burschikoser Bubikopf statt wallender Lockenpracht, beinahe knabenhafte Grazie statt üppiger Kurven: Shirley MacLaine ist keine *femme fatale* mit laszivem Schmollmund, kein *glamour girl*, kein Pin-up – den Part übernahm eher ihr Bruder Warren Beatty. Dennoch eine Diva. Keine Sexgöttin, aber mit Sex-Appeal, verführerisch und begehrt.

Ihre Filme sind nie extreme Stilisierungen, nie expliziter Ausdruck einer extravaganten Aktrice. Und dennoch schwingt in ihnen stets die Idee, das Bild der Diva mit. Sie spielen mit Publikumserwartungen. Sie deuten vieles an, ohne je Shirley MacLaines Geheimnis zu enthüllen. Sie kokettieren mit dem Noch-nicht, Nicht-jetzt und – mit den späten Figuren, die nicht selten eine Vergangenheit im Showbusineß besitzen – dem Nicht-mehr. Mit jedem Auftritt, jeder Rolle, erneuert Shirley MacLaine so das fortlaufende Versprechen, eines Tages auch auf der Leinwand die Lust am großen Auftritt auszuleben. Es ergeht uns Zuschauern wie dem *lonesome cowboy* Clint Eastwood in TWO MULES FOR SISTER SARA, der glaubt, eine Nonne bei ihrer Flucht durch Mexiko zu begleiten, und auf den die züchtige Gottesfrau eine charismatische, unwiderstehliche, verbotene Attraktion ausübt. Er weiß nicht, wann und warum er ihrem Charme erliegt, nur, wie verwirrend und wunderbar es ist.

Und dann, nach eher koketten als mondänen Ladies wie der Etablissement-Besitzerin in CAN-CAN und dem Straßenmädchen in IRMA LA DOUCE, spielt Shirley MacLaine mit 56 Jahren in POSTCARDS FROM THE EDGE tatsächlich ihre erste echte Diva. Angelehnt an Debbie Reynolds, deren Tochter Carrie Fisher das Drehbuch schrieb, spielt sie in ihrer mutigsten und vielleicht auch schönsten Rolle eine ehemalige, von ihren inzwischen vornehmlich schwulen Fans als *camp* vergötterte Kino-Ikone mit rosa Hosenanzug, Pelzjäckchen und Perlencollier. Der Regisseur Mike Nichols hat ihr zwei wunderbare Szenen geschenkt: den mitreißenden Auftritt eines großen, partout nicht kleinzukriegenden Stars und dessen erbarmungslose Demontage. Auf der Party, die sie eigentlich für ihre Tochter, gespielt von Meryl Streep, ausrichtet, reißt Shirley MacLaine die Aufmerksamkeit an sich. Nachdem Streep mit schüchterner Stimme ein Liedchen geträllert hat, demonstriert ihre Mutter, wie man's richtig macht. »I'm Still Here«, schmettert sie trotzig Stephen Sondheims Song und zeigt keck sogar ihr rotes Höschen, als sie sich aufs Klavier setzt und ihre Beine übereinanderschlägt: »First you are another true blue tramp, then someone's mother, then you're camp.« Kurz nach dieser furiosen Demonstration, wie sie ihr Publikum immer noch in den Bann zieht, zeigt eine andere Szene sie nach einem Autounfall am Boden zerstört, ohne Make-up und Perücke. Doch wo wir das faltige Antlitz einer verlebten Alkoholikerin erwarten, leuchtet Shirley MacLaines ungeschminktes, verheultes Gesicht so pur und klar wie das eines unschuldigen, jungen Mädchens. Ein Madonnengesicht: nackt und verletzlich. Dann werden wir Zeuge seiner Rekonstruktion: wie die Wimpern angeklebt, der Puder aufgetragen und die Augenbrauen nachgezogen werden, bis die dicken Farbschichten sich wieder wie eine Schutzschicht über ihre wahren Gefühle legen. Einmal tief Luft geholt, und schon stellt sie sich der Pressemeute. *The show must go on.* Shirley MacLaine hat uns gerade in all ihre kleinen Visagisten-Tricks eingeweiht. Sie hat uns ihr Geheimnis offenbart, doch wir haben es immer noch nicht entschlüsseln können. Im Gegenteil.

Bilderbuchherbst in Vermont. Leise wiegt sich der Wind in den goldenen Baumkronen, weht sanft über flache Hügel. Die Sonne scheint, Vögel zwitschern. Doch der Filmtroß würdigt die Schönheit des Panoramas keines Blickes. Alfred Hitchcock dreht für Paramount seine schwarze Komödie THE TROUBLE WITH HARRY. Am Set herrscht ein Höllenlärm. Der Aufnahmeleiter brüllt seine Anweisungen, die Techniker necken einander mit derben Scherzen, derweil der Regisseur durch die Szenerie watschelt. Und mitten in dem organisierten Chaos eine junge Frau, die trotz des Morgenfrosts bei jeder sich bietenden Gelegenheit heimlich aus ihren Schuhen schlüpft und an den Rand des Spektakels flüchtet. Vor wenigen Tagen noch stand Shirley MacLaine in New York in »The Pajama Game« auf der Broadwaybühne. Als sie als Ersatz für den verletzten Star Carol Haney einsprang, wurde sie vom Fleck weg vom Filmproduzenten Hal B. Wallis unter Vertrag genommen. Ihr Arbeitstag beginnt in aller Herrgottsfrühe, dabei ist sie offiziell in ihren Flitterwochen. Doch von Romantik keine Spur. Wenn sie morgens von einem Chauffeur im Hotel abgeholt wird, sieht sie ihren Mann Steve Parker bis spät abends nicht mehr, da er keinen Zutritt zum Filmgelände hat.

Für MacLaine markiert der Film das Kinodebüt und auf Anhieb die erste Hauptrolle, für Hitchcock vor allem ein stilistisches Experiment, in dem er ein Melodram nicht im Dunkel der Nacht, sondern im hellen Tageslicht ansiedelt. Im Grunde aber ist es für den Regisseur reine Routine – ein Film von vielen, zumal einer, der in seinem Œuvre als Marginalie abgetan werden wird. Denn der Ärger um Harry entfacht später keine mit akademischer Inbrunst geführten filmhistorischen, psycho-analytischen, semiotischen und poststrukturalistischen Debatten und Diskurse, sondern kämpft stets gegen den Ruch, gar kein ›echter‹ Hitchcock zu sein. Vielleicht, weil darin keine heiß-kalte *femme fatale* die Phantasie des Heros' entzündet und an seine Urängste rührt, sondern ein aufgewecktes junges Mädchen mit Stupsnase eine alleinerziehende Mutter spielt. Shirley MacLaine ist – zum ersten Mal in ihrer langen Karriere – eher schnuckeliges *love interest* als Objekt der Begierde. Impliziert das kühle Platinblond der legendären lasziven Hitchcock-Heldinnen eine kalkulierte kosmopolitische Kaprice, schimmert Shirley MacLaines kurzgeschnittenes Haar hingegen so kastanienbraun wie Herbstlaub. Sie gibt die junge Jennifer patent, pragmatisch und authentisch und bleibt uns dennoch merkwürdig fremd. Denn es liegt etwas Irritierendes in ihrem schier unerschütterlichen Selbstvertrauen; selbst beim Anblick der Leiche ihres Ex-Mannes verliert sie ihren Gleichmut nicht. Aber mögen wir sie auch in manchen Momenten – wenn auch nur halbherzig – als Mörderin verdächtigen, als Projektionsfläche unterdrückter viriler Begierden oder Phobien will sie so gar nicht taugen. Wen wundert's da, daß sich Alfred Hitchcock im Interview mit François Truffaut auch nur lapidar an die Newcomerin erinnert. Erstaunlicher ist da schon, daß auch Shirley MacLaine nur wenige Worte über die Zusammenarbeit mit dem Regisseur verliert. Erst Jahrzehnte später überkommt sie das Bedauern, die Chance vertan zu haben, intensiver mit ihm diskutiert und mehr von ihm gelernt – oder zumindest den Versuch dazu unternommen zu haben. Denn wirklich tief beeindruckt zeigt sich die damals Zwanzigjährige nur davon, daß sie auf Kosten des Filmstudios leben durfte.

Während ihrer Zeit als arbeitslose Tänzerin in New York kreisten alle Gedanken ums Essen. Mit kümmerlichen zehn Cents pro Tag versuchte sie, halbwegs satt zu werden. Sie aß Rosinenbrote mit Erdnußbutter und mixte sich in Automatenrestaurants heimlich Limonade aus Gratis-Zucker, Zitronenscheiben und Wasser. Die Traumfabrik als Schlaraffenland, *das* ist daher Shirley MacLaines signifikanteste Erinnerung an ihr Leinwanddebüt. »Ich futterte all meine Lieblingsgerichte: Pfannkuchen, Würstchen, Eier, vier Scheiben Toast mit Marmelade plus Orangensaft und hinterher noch eine duftige Waffel mit Ahornsirup – das war mein Frühstück (...). Gegen elf Uhr vormittags stürmte ich in die Kantine, um Apfelkuchen und heißen Kaffee zu mir zu nehmen. Zur Lunchzeit aß ich erst richtig: zwei bis drei Portionen von allem, was geboten wurde, und danach wieder Apfelkuchen mit Eiskrem. Zur Teestunde gab es immer exquisite französische Törtchen mit Schlagsahne und Borkenschokolade. Und beim Abendessen war ich schon wieder dem Hungertod nah. Nach einem gewaltigen Steak nebst gebackenen Kartoffeln mit Sauerrahm und Schnittlauch, dazu Toast mit Butter, nahm ich gern noch einen Hummer aus Maine, der eigens für die Gesellschaft eingeflogen worden war, und zwei Portionen Dessert. Dann erst ging ich beruhigt zu Bett.« Der ›Erfolg‹ blieb nicht aus: »Nach drei Wochen hatte ich 25 Pfund zugenommen. Bei Beginn der Dreharbeiten war ich noch elfenhaft schlank, aber als wir den Film-Harry zum letztenmal begruben, glich ich einem Luftballon.«

Kaum eine Silbe aber darüber, wie sie ihre erste Filmrolle interpretierte und anlegte, kein Ton über ihren Partner John Forsythe, keine Reflexion ihrer Arbeit und ihres Status, keine Selbst-

IRMA LA DOUCE: Shirley MacLaine

ARTISTS AND MODELS: Shirley MacLaine

zweifel, aber auch nicht die geringste Irritation über den prompten Erfolg. Auch ausschweifende Hollywoodparties und dekadente Vergnügungen interessierten sie nicht. Im Gegenteil. Gleich bei ihrer Ankunft in Vermont stieß ihr auf, daß beim Film »die Sozialstruktur so starr und eindeutig wie jede beliebige Militärhierarchie« war. Statt in der Drehpause mit ihrer Friseuse und ihrem Maskenbildner unter einem Baum zu picknicken, forderte der Regieassistent sie auf, sich doch, bitte schön, an den mit Silberbesteck für sie eingedeckten Tisch zu setzen. Doch Shirley MacLaine fühlte sich nicht als Star. Damals nicht und auch später nicht.

Noch viele Jahre verstand sie sich nicht einmal in erster Linie als Schauspielerin, »weil das Leben hinter der Kamera mich stets mehr beschäftigte als das Agieren vor ihr«. Unbekümmert, beinahe respektlos spielte sie ihr Talent herunter. Arbeit, Erfolg, Anerkennung – alles schien so selbstverständlich. Die Bücher, die sie damals schrieb, tragen im Untertitel zwar den Hinweis »Autobiografie«, dennoch – oder deswegen – erzählt sie darin vor allem von Reisen, Politik und ihrer Familie. Die Filmindustrie streift sie darin nur am Rande.

Erst als sie viel später ihren Status als Kinostar zu verlieren drohte, wurde er ihr schmerzlich bewußt; erst als die Rollenangebote plötzlich ausblieben, definierte sie sich über ihren Beruf als Schauspielerin. Das war 1976. Shirley MacLaine hatte sich im Wahlkampf für George McGovern und Robert Kennedy aufgerieben, Anfang der siebziger Jahre zwei Kinoflops gedreht mit DESPERATE CHARACTERS und THE POSSESSION OF JOEL DELANEY und sich ansonsten im Kino rar gemacht. Auch mit der TV-Serie SHIRLEY'S WORLD hatte sie keinen Erfolg verbuchen können, ja, sie fand ihren Ausflug ins Fernsehgeschäft sogar selbst so mißlungen, daß sie angeblich jeden Mittwoch abend das Haus verließ, um während der Ausstrahlung für niemanden erreichbar zu sein. So blieben auf einmal die Filmangebote aus, zumal sie mit 42 Jahren ein für jede Schauspielerin kritisches Alter erreicht hatte. »Plötzlich wurde mir die Bedeutung des Wortes ›ausrangiert‹ klar.«

Trotz ihres Erfolgs mit THE TROUBLE WITH HARRY begründeten andere Filme Shirley MacLaines Ruhm; und es sind auch andere Frauenfiguren, die wir bei jedem Wiedersehen wie liebe Freundinnen begrüßen, die man viel zu lange aus den Augen verloren hat und mit denen man sich doch auf Anhieb wieder versteht. Berühmt wurde sie mit Rollen, die keinen, der noch ein Herz hat, kaltlassen können: Als Lift-Girl Fran Kubelik in Billy Wilders Film THE APARTMENT provoziert sie das Gefühl, sie tröstend in den Arm nehmen zu wollen. Man möchte sie beinahe an den Schultern packen, um ihr die schwärmerischen Illusionen aus dem Leib zu rütteln, weil sie viel zu lange den süßen Beschwörungen des Schwerenöters Fred MacMurray glaubt, nur um sich dann an Jack Lemmon zu hängen, der bestimmt ein netter Kerl, aber ganz offensichtlich nicht ihre große Liebe ist. Spätestens mit diesem Film war es Shirley MacLaines Spezialität, »durch einen Tränenschleier zu lächeln«.

Nachdem sie durch ihr Debüt bei Hitchcock zunächst auf komische Rollen festgelegt war, spielte sie in Vincente Minnellis Film SOME CAME RUNNING erstmals eines dieser Mädchen, die durch Kleidung, Frisur und Make-up modern und emanzipiert wirken, die jedoch im Sichverzehren nach einem starken Mann förmlich jede Selbstachtung aufgeben. »Just because I wear a uniform it doesn't make me a girl scout«, gibt sich Fran Kubelik zwar abenteuerlustig, doch ihre wahren Wünsche haben mit Promiskuität, wie wir wissen, nichts gemein. Als heiratslustige Provinzschönheit auf der Suche nach einem reichen Großstädter geriet Shirley MacLaine mit Charles Walters' ASK ANY GIRL in eine schrecklich spießige und erschreckend reaktionäre Klamotte. Dabei hatte Minnelli ihre Provinznutte Ginny noch zu einer tragischen Erlöserfigur überhöht, die Frank Sinatra zunächst ohne Scham und später ohne jede Scheu vor der Lächerlichkeit liebt und verfolgt. Für Shirley MacLaine bedeutete der Film die erste ›Oscar‹-Nominierung.

Hitchcocks Komödie, die Shirley MacLaines komödiantisches Talent so wenig fordert und fördert, ist kein typischer Shirley MacLaine-Film, aber an ihm offenbart sich etwas für sie sehr Typisches. In der knappen Inhaltsbeschreibung von Hitchcocks Gesprächspartner François Truffaut versteckt sich der Schlüsselbegriff zu MacLaines Image in diesem und beinahe jedem anderen Film: »Schließlich stellt sich heraus, daß Harry an einem plötzlichen Herzversagen gestorben ist, und der kleine Ort kehrt zu seinem normalen Leben zurück. Der unwichtige Vorfall hat aber das Verdienst, ein neues Paar zusammengebracht zu haben: den abstrakten Maler und die sehr konkrete Jennifer.«

Alle Beobachtungen kulminieren in dem letzten Adjektiv. *Konkret.* Scheinbar en passant formuliert, ist es elegantes Wortspiel und zugleich exakte Deskription. MacLaine spielt konkrete Personen: Frauen mit Ticks und Macken, mit Ecken und Kanten, mit Vergangenheit und Geschichte. Keine Kopfgeburten oder ätherische, weltentrückte Schönheiten, sondern Frauen, denen man nicht nur zutraut, mit hemmungsloser Lust ein Büffet zu plündern, sondern auch, daß sie sich selbst an den Herd stellen oder Brote schmieren.

Mit der beinahe beängstigend pragmatischen Jennifer legte Shirley MacLaine das Fundament für ein Image, das sie insbesondere mit ihren späten Rollen ausbaute und vervollkommnete. Ende der achtziger Jahre entdeckte sie für sich die Schrillen und Schrulligen, die Querulantinnen und ewig Quengelnden. So manche ihrer reifen Damen sind ausgefuchste Satansbraten. Eine Teufelin in Pastell. Selbst die konservativen Figuren von Shirley MacLaine werden von etwas Unkonventionellem, Unberechenbarem und Rebellischem umgetrieben, wie die ehemalige First Lady in GUARDING TESS, die sich allein an der Lust am Streiten dickköpfige Willensduelle mit dem enervierten Nicolas Cage liefert.

In MRS. WINTERBOURNE ist sie ein einflußreiches Mitglied des Bostoner Geldadels. Stil und Etikette gehen ihr über alles, und wenn sie gewisse Exzentrik an den Tag legt, dann in dem Maße, wie man sie in WASP-Kreisen – White Anglo-Saxon Protestants – älteren Damen mit ansonsten untadeligem Lebenslauf gerne zugesteht. Dennoch verblüfft sie uns kein bißchen, als sie ihrer nicht standesgemäßen Schwiegertochter die eigene Vergangenheit als Chormädchen am Broadway beichtet oder der Braut vor der Kirche rasch einen aufmunternden Klaps auf den Po verpaßt. Die ›alte‹ Mrs. Winterbourne hat weder die Freude am heimlichen Rauchen noch die Zungenfertigkeit verloren, die glühende Kippe blitzschnell im Mund verschwinden zu lassen, wenn sie erwischt wird. Und auch den mädchenhaften Augenaufschlag beherrscht sie bei Bedarf noch immer aus dem Effeff. Wenn sie ihre schmalen Lippen zum Ausdruck absoluter Mißbilligung spitzt, wenn sie zornig ihre mehr denn je strahlenden Augen zusammenkneift, entladen sich Energie und Wut und Lebensfreude auf ihr Gegenüber.

ALL IN A NIGHT'S WORK: Shirley MacLaine

HOT SPELL: Shirley MacLaine

Mit Grandezza gibt Shirley MacLaine in Steel Magnolias die ewig mürrische Ouiser Boudreaux, die als abgedrehte und trotz ihres Vermögens ein wenig abgetakelte Alte die unerträgliche Leichtigkeit des Frauenmelos entlarvt. Obwohl als niedliche Verschrobenheit intendiert, konterkarieren ihre schnippischen Bonmots – »I'm not crazy. I've just been in a very bad mood for the last 40 years.« – die übertriebene Herzig- und Herzlichkeit der anderen Protagonistinnen. Wie sie x-beinig und mit verdrehten Gliedmaßen von ihrem Hund über den Rasen geschleift wird, gereichte jeder Comicfigur zur Ehre. Gerade im scheinbaren Kontrollverlust über ihren Körper leuchtet natürlich die absolute Körperbeherrschung auf.

Auf den ersten Blick wirken MacLaines Figuren oft wie Karikaturen. Doch beim näheren Hinsehen entpuppen sie sich als durchaus ambivalent. In Waiting for the Light ist sie eine Magierin, die mit ihren blutrünstigen Zaubertricks jeden Kindergeburtstag zum Schaudern und Schreien bringt. Mit ihrer wilden roten Mähne und klimpernden Ohrringen, mit goldenen Pumps zu roten Strümpfen, falschem Leopardenpelz und gewagten Farbkombinationen im Zwiebelschalenlook scheint sie immer in Bewegung und dabei immer in Auflösung begriffen. Stets weht ein Schal oder ein Tuch hinter ihr her, während ihr ein gewisser Ruf vorauseilt. Kokett wirft sie dem Reverend verführerische Blicke überm aufgepolsterten Dekolleté zu oder lackiert sich in aller Seelenruhe die Nägel, während ihre Nichte in Gummihandschuhen für die gemeinsame Zukunft putzt. Doch Tante Zenas demonstrative Lebenslust übertüncht nur ihre Todesahnung.

Mit den kauzigen, liebenswerten und überkandidelten Frauen hat sich Shirley MacLaine endgültig freigeschwommen von den schweren und ernsten Rollen, den verbitterten oder verlorenen Charakteren, die ihr Image als »einziger sexy Clown der Filmgeschichte« zu erdrücken drohten. Selbstironie beweist die New Age-Autorin auch mit ihrem Werbespot für das Kreditkartenunternehmen Visa: Seit dem Jahre 43 vor Christus begegnen sich zwei gute Freundinnen durch die Jahrhunderte immer wieder in neuen Reinkarnationen. Doch als Shirley in der Gegenwart im Laden der anderen einkaufen will, akzeptiert die ihren Scheck nur mit einem zusätzlichen Ausweis – oder aber sie bezahlt mit ihrer Visacard ...

Das Attribut *konkret* beschreibt aber auch die Art, wie Shirley MacLaine ihre Rollen anlegt. Das *method acting*, die Konzentration aufs eigene Ich mit dem einzigen Ziel, es in einer anderen Figur aufzulösen, ist ihr suspekt. »Oft hat es mir widerstrebt, meine Identität von einer Rolle verschlingen zu lassen (...). Mir gefiel die Abdankung des eigenen Ichs nicht.« Mit der eigenen Leistung ein wenig kokettierend, behauptet sie in Interviews gerne schon mal, sich beim Rückblick auf ihre Filme gar nicht an die jeweiligen Figuren zu erinnern, sondern daran, mit wem sie damals eine Affäre hatte und wieviel sie wog.

Shirley MacLaine nähert sich ihren Figuren von außen und durch Äußerlichkeiten. Erst müssen Make-up und Kleidung, Mimik und Gestik stimmen, dann ergeben sich Gefühle und Befindlichkeit automatisch. »Wenn ich weiß, wie diese Person läuft, lacht und ihre Beine plaziert, wenn sie auf einem Stuhl sitzt, dann kenne ich sie.« Shirley MacLaine arbeitet dabei so *konkret*, daß sie auch schon mal den eigenen Schrank plündert. Für die Rolle der autoritären Mutter in Terms of Endearment kramte sie längst abgelegte Kleidungsstücke wieder hervor und trug eingemottete

Pelzmäntel auf. Sie entwarf Aurora als »eine Dame, die der besseren Gesellschaft angehörte, dort jedoch ziemlich weit unten angesiedelt war. Sie sprach mit dem gedehnten Akzent der Texaner, sie hatte toupiertes Haar und viele Chiffonkleider in ihrer Garderobe, und sie sorgte sich schrecklich um ihre Küche und den Eindruck, den sie auf Schritt und Tritt hinterließ« – zumindest legte sie die Rolle so an, bis Regisseur James L. Brooks am Abend vor Drehstart umdisponierte, Aurora zu einer Lady aus New England machte und damit das gespannte Verhältnis etablierte, das ihre Zusammenarbeit dominieren sollte.

Konkret sind auch die Flusen auf dem verwaschenen Pullover der armen kranken Ballettänzerin in TWO FOR THE SEESAW. Ginny in SOME CAME RUNNING will ein Vamp sein, schminkt sich wie ein billiges Flittchen und wirkt, wie sie da so hilflos ihre Lämmchen-Tasche umklammert, doch nur verloren wie ein kleines, schüchternes Mädchen. Ganz *konkret* wählte MacLaine ihre Kleider eine Nummer zu klein, so daß sich unter dem Stoff der Verschluß ihres BHs abzeichnet. Unter dem rotgefärbten Haar ist stets der schwarze Ansatz zu sehen, denn trotz aller eitlen Bemühungen wirkt Ginny permanent zerzaust und zerwuselt. Sie weiß, daß sie niemals die schicke Eleganz ihrer souveränen Konkurrentin (Martha Hyer als intellektuelle Lehrerin) besitzen wird, und diese Erkenntnis schmerzt sie mehr als die schiefen Blicke der honorigen Bürger und die vielen eindeutigen Angebote, die sie in ihrer arglosen Naivität ignoriert. »Als ich zu den Außenaufnahmen (...) erschien, hatte ich keine Ahnung, wie ich die Rolle spielen würde, bis ich in der ersten Szene mit Frank Sinatra aus dem Bus stieg. Ich schaute an mir herunter und sah, daß meine Zehen nach innen gekehrt waren. In dem Moment war mir klar, daß Ginny Moorhead über den großen Onkel gehen wollte. Sie wollte stolpern und leicht tapsig sein, genauso, wie sie sich in ihrem ganzen Leben verhielt. Sie wollte liebevoll durchs Leben taumeln und das Wohlergehen anderer über ihr eigenes Glück stellen.«

Manchem geht der Pragmatismus Shirley MacLaines freilich zu weit. Ganz sicher dem Klatschreporter Mike Connolly, den sie Anfang der sechziger Jahre öffentlich ohrfeigte, nachdem sie sich von ihm in einem Interview falsch wiedergegeben fühlte. Als sie in Sacramento mit Marlon Brando und Steve Allen gegen eine Hinrichtung protestierte, schrieb er, nun habe sie den letzten Rest ihres Verstands verloren; er erfand Schönheitsoperationen, Abtreibungen und Selbstmordversuche. Irgendwann platzte ihr der Kragen, und mangels schlagkräftiger Gentlemen nahm Shirley MacLaine den Job in die eigene Hand. Sie erkundigte sich bei ihrem Anwalt, wie man jemanden ohrfeigen könne, ohne daraufhin wegen Körperverletzung belangt zu werden (»mit der flachen Hand, niemals mit der geballten Faust«). Dann »hüpfte ich ins nächste Taxi, suchte Connolly in seinem Büro auf, nahm ihm die Brille ab (...) und dann gab ich ihm eine, daß er beinahe unter dem Tisch landete«. Dem zeitgenössischen Publikum, ihren feinen Nachbarn in Malibu, sogar vielen Kollegen war ohnehin ein wenig suspekt, wie unkonventionell Shirley MacLaine lebte. Während ihr Mann Steve Parker in Tokio Shows produzierte und ihre Tochter Sachie mal hier, mal dort zur Schule ging, streunte sie mit dem *Rat Pack*, Frank Sinatra, Dean Martin und Sammy Davis, Jr., umher. Kein Wunder, daß ihr Schlagabtausch mit dem Journalisten die Schlagzeilen füllte. »Was ich nicht verstehe, ist, daß man mich nicht ins Gefängnis steckte. Ich bekam im Gegenteil haufenweise Telegramme, eines kam sogar von einem kalifornischen Gou-

ALL IN A NIGHT'S WORK: Shirley MacLaine, Dean Martin

SOME CAME RUNNING: Frank Sinatra, Shirley MacLaine

verneur, ein anderes aus dem Weißen Haus, mit der Bitte, einen Politiker namens Wallace zusammenzuschlagen.«

Auch manchem Regisseur und Filmpartner war Shirley MacLaine zu *konkret*. Eigentlich hatte Elizabeth Taylor die Rolle der Hure im Heiligenkostüm in Don Siegels TWO MULES FOR SISTER SARA übernehmen sollen. Nach ihrer kurzfristigen Absage, weil sie Richard Burton zu Filmaufnahmen nach Spanien begleitete, wollte Universal an den Erfolg von SWEET CHARITY anknüpfen und besetzte Shirley MacLaine. Siegel und sein Star Clint Eastwood waren alles andere als begeistert von einer Darstellerin, die ihnen aufgezwungen worden war und die wegen ihrer hellen empfindlichen Haut ohnehin eher irisch als mexikanisch wirkte. Jede Minute im Freien mußte sie mit einem Sonnenschirm vor dem grellen Licht geschützt werden.

Wieder bestimmen unterschiedliche Ereignisse die jeweilige Erinnerung, diesmal vor allem Differenzen. Wie stets achtete Shirley MacLaine sorgsam auf Kostüm und Requisiten und geriet daher über die falschen Wimpern, die man ihr anklebte, in helles Entsetzen. Welche Nonne – und sei es eine falsche – würde sich derart aufdonnern?

Siegel hat sich eine andere Szene eingeprägt, die Shirley MacLaine als »schwierig« erscheinen läßt: Der wortkarge Cowboy und die Nonne entdecken in ihrem Nachtlager eine Klapperschlange. Sara soll zunächst vor Angst und Ekel zurückschrecken und Eastwood für seinen Mut, als er das Tier tötet, anhimmeln. Shirley MacLaine widersprach Siegels Regieanweisung: »Ich habe schon jede Menge Klapperschlangen in meinem Garten umgebracht, da ist gar nichts dabei. Nichts, wovor man Angst haben muß.« Siegel: »Aber Shirley, in deiner Rolle in diesem Film hast du Angst. Clint ist der Held, und was er tut, erscheint dir ausgesprochen gefährlich.« Shirley: »Ist es aber nicht.« Siegel: »Ganz gleich, ob es gefährlich ist oder nicht, Sara denkt nun mal, daß es das ist ...« Undsoweiter, undsofort.

Sicher ging es hier um ein Kräftemessen am Set, für Shirley MacLaine aber auch einmal mehr um eine konkrete und damit *korrekte* Charakterisierung. Denn unter ihrer Nonnentracht ist die sittsame Sara eine selbstbewußte Prostituierte, die heimlich raucht und trinkt und die sich im mexikanischen Befreiungskrieg mit der französischen Armee anlegt. Diese Sara hätte auch mit einer Schlange kurzen Prozeß gemacht – wie Shirley MacLaine in ihrem heimischen Garten ...

Ja, Shirley MacLaine ist eine Diva. Eine Diva aus Fleisch und Blut, voller Tatendrang und Lebenslust. Eine, die Familie und Affären hat, die sich politisch engagiert und ihre persönlichen Kochrezepte veröffentlicht, die an Reinkarnation glaubt und ihr Image als New Age-›Tante‹ mit einem Augenzwinkern kommentiert. Eine Diva, die sich immer ein wenig an und mit ihren Rollen reibt, statt mit ihnen zu einer Idee, einem Image zu verschmelzen.

Aber sie ist auch eine Schauspielerin, die wie jeder echte Kinostar den Eindruck erweckt, alles von sich preiszugeben, nur uns und uns ganz allein zu gehören, und die gleichzeitig von einem Geheimnis umgeben ist, das nicht zu lösen scheint. Wir wissen, daß sie uns nie erlauben wird, es vollständig zu ergründen. Aber gerade darum fasziniert und fesselt sie uns.

Two for the Seesaw: Shirley MacLaine

SOME CAME RUNNING: Frank Sinatra, Shirley MacLaine

Frank Sinatra **Shirley Is
the Greatest!**

Writing isn't my racket, but when »This Week« asked me to put down some words about that girl on the cover, I decided to try. Let's face it, I'd do almost anything for Shirley MacLaine. I admit I'm prejudiced about that girl. Shirley is one of the liveliest, funniest, most loyal friends anyone could have. But the real reason I'm doing this typewriter bit is that I firmly believe she is the best comedienne in this crazy business. Trying to get the quality of this kid down on paper is like trying to catch an eagle in a thimble – it can't be done. But I'll start at the beginning with my first sight of Shirley.

It happened when we were casting the role of Ginny in SOME CAME RUNNING. Ginny was a girl of easy virtue searching all her life for someone to love and love her. We wanted our Ginny to be first an actress, second a tragedian and third a comedian, a big bill even for the Palace. We discussed and discarded most of the top female stars in Hollywood. But then one night when we were watching the Dinah Shore show we saw our Ginny dancing toward us, wearing a tight black leotard and belting a song out in an off-key voice best described as a clamor. It was Shirley MacLaine, but the cuteness, the strength, the humor – everything we wanted in Ginny – was wrapped up in that one package. Shirley signed the next day.

On set we used to have long talks about everything from books to Japanese art, which her husband Steve Parker, who produces movies in Japan, collects. It turns out that the egg-beater hairdo is the front for a well-oiled thinking mechanism. Take CAN-CAN, the picture we finished last fall, as an example of what I mean. Originally I was to play the role of François, a playboy-lawyer, with a French accent. Shirley politely reminded me of the last time I tried an accent – in a Techni-color wide-screen epic called THE PRIDE AND THE PASSION in which I played a Spanish guerilla with bangs and which I'd like to forget. I realized the girl had a point. François is being played straight – or at least as straight as I can play him.

Sometimes I ask myself, »Where did this girl come from?« I don't mean her home town, which is Richmond, Virginia. Well, maybe I *do* mean Richmond, because it was back there when she was four that Shirley found out she liked to act funny. She told me she was in a dance-school recital and wore a little green costume that made her look like a four-leaf clover. She tripped, fell down, people laughed – and she liked it. That's how comedians get started. By the time she got to junior high school, Shirley had spent every spare moment in dancing school trying to co-ordinate the northern and southern halves of her body. She claims she might not have been the world's grea-test dancer but she was a terrific ballplayer – she played the outfield. Her first job was in a New York »subway circuit« company of »Oklahoma!« as a chorus girl. Finally she landed on Broadway in a few shows, including »The Pajama Game« – she was Carol Haney's understudy. Then, I gather, the old show-biz clichés began to work. Carol got ill three days after the opening, Shirley danced in and ended up signing a Hollywood contract. The girl was in the movies – THE TROUBLE WITH HARRY ... AROUND THE WORLD IN 80 DAYS ... SOME CAME RUNNING ... ASK ANY GIRL ... CAREER ... and now CAN-CAN. With this kind of a snowballing, you'd think Shirley wouldn't have time to do anything else. But you'd be wrong.

Last fall her husband called from Japan to tell about the Nagoya flood that left thousands homeless. Miss Button-eyes immediately went into action. She organized a huge benefit show at the New Frontier Hotel in Las Vegas, ran the whole thing, personally rounded up Hollywood's top names to appear, and even MC-ed the show herself. For good measure she did a few additional money-raising TV appearances. At the last count, more than $ 70,000 was in the kitty – and was on the way to Japan.

And that's Shirley. A combination of talent and heart that's going to keep her on top for a long, long time.

This Week Magazine, 21.2.1960

Shirley MacLaine   # One for the Road

Dear bedeviling poet of song: my heart and spirit are troubled when I think of what you must have gone through at the end. Were you tossing in anger in your bed, unable to assert the control that was so much a part of your M.O.? Or were you at peace when you gazed at the piano across the room, longing to swagger over, a Camel cigarette dangling from your lips as you fingered your thin gold lighter, waiting to infuse the smoke you'd inhale with your secret feelings?

You were a man of jumbled, tumbled contradictions: such crusty insecurities, yet such gentle understanding of your task – to convey the human condition through your music. You cared so deeply about what it would mean to those who heard you. You did it all for »them«, the audience, the group of souls who somehow understood you better than you understood yourself. They forgave you everything you were afraid of in yourself. And you knew it. That's what gave you your power. You knew that *they* knew that you got each other through the nights you spent together. You were never abusive to »them«. Oh, sometimes you'd be in a bad mood about this or that, but even then they understood; you reflected them back to themselves in a deeply personal interchange that touched them both artistically and emotionally. You belonged to each other. And now that you're gone, we have lost part of our capacity for self-reflection. I don't like to think about that. I have lost a Godfather to my own talent.

I can honestly say you started me in the big time. You insisted that I be in SOME CAME RUNNING when I was in my early 20s. Then you insisted to the front office that I get shot at the end of the movie because you knew that would get me an Oscar nomination. You strong-armed Twentieth Century Fox to make CAN-CAN, because you thought I should do a musical. And you had them combine the two female leads into a single role so people could see more of what I could do.

When the Clan – not the »Rat Pack« – hung out together, I loved being part of our gang of friends. You thought I was a »stand-up broad«. Of course I have a different take on that phrase today, but somehow around you women's liberation seemed a silly diversion from the higher priority of equal friendship in fun-making. You never cared much for social appropriateness, unless you really wanted something – and then royalty could have taken lessons from you in charm. What gave you the inner power to throw manners and social expectations to the winds? Oh, you could be shockingly abusive, that's a fact, but I always felt it was because too often others gave their power away to you and you didn't like the burden. You had enough to contend with in yourself. But your respect for talent was never-ending. In each show you acknowledged the composer and arranger of each song. It must have been hard for you to be in a world that failed to recognize the mystery of genius. I used to watch your eyes glint with judgment when others missed the real thing. Music, of course, was the real thing to you. You'd tell me about the music you'd heard in your head all your life. »What is it?« you'd ask me. »Chords and notes from somewhere else – where do they come from?« When you'd hear a violin go flat somewhere in the orchestra, or an oboe miss a melancholy beat, it was as if it were interfering with a heavenly choir that you longed for to back you up. Your eyes would get that glint and – not always under your breath – you'd say, »What the f--- was that?«

Love, too, was the real thing to you. You'd find yourself in a romantic swirl of confusion and agonize over the way to proceed. You told me how upset you had been when Ava found lipstick on your collar. (»It was from a love scene«, you said, »but she didn't believe me.«) You were distraught when the elegant European Lady Adele Beatty announced she couldn't marry you because she was »allergic« to you. You'd built a wing just for her onto your house. You didn't know how to extricate her from her allergy. Then there was Juliet Prowse. I watched you fall in love with her on the set of CAN-CAN. Did it begin with your singing »It's the Wrong Face« to her? Your Valentine's Day engagement party, with dinner and dancing, was out of a romantic Golden Age, which you resurrected. I was so intrigued to observe your adjustment to the sinewy physicality of a tall, strong, disciplined dancer. She towered over you, and you loved it. »She smothers me and I love that, too«, you said. Then, just before the wedding was to take place, she wanted you to go to South Africa with her to meet her parents. You somehow saw that as having to pass muster. You told her the hell with it and called everything off. You were crushed. »I don't only love her, I *like* her«, you said. But there was no more discussion, no attempt to work things out. It was over. *Finito*. History.

Everyone thought you and I had an affair, I guess. They didn't understand that we never related to each other that way. Maybe that's why we could talk and be friends. Friendship was the real thing to you. Jesus, you were good to people, particularly when they never knew it. You adored being an invisible benefactor. A blank check for someone in trouble? No problem. A call to lean on someone in support of a friend? All the time. »If someone hurts you, you call me. I'll take care of it«, you'd say. And you always did. A fight with the front office because you believed more in an artistic point of view than in a business argument? You were there – and the front office always lost. I used to watch the faces of the moguls as they strutted onto the set with the intention of putting you right. But when they reached your dressing room, their body language would crumble and their commercial arguments sputtered into meaningless chatter. They knew your talent and the talent of others was the reason they existed in their jobs. Besides, they wanted to be included in gin rummy with you and your crowd on the weekend.

Dean? You loved him and you needed him. He was your *paisan*. He understood your temperament. He knew when to be there and when to leave you alone. Besides, he always made you laugh. He knew how to tease you – particularly about not being very funny yourself. Next to him you never got a laugh. And you loved the mystery of that. »How come when he straights for me nobody laughs?« you'd complain good-naturedly. You'd even demonstrate that to the audience – who loved your selfeffacing attitude. Yes, attitude, style and clothes were the real things to you. I used to love watching you and Dean turn yourselves out for a daytime appearance. (Nighttime was usually black tuxedos with red linings and patent leather »party« shoes.) Your slacks and jackets were steamed to perfection and hung on you like paint. You wore those splashy neckties and jaunty brimmed hats – but never minded your bald spot showing. You never minded that the forceps birth scar behind your ear might show. You were undauntedly un-vain and you challenged the onlooker with every springy step and flirtatious grin. You insisted on being squeaky clean, sometimes with several showers and changes of clothes a day. There was never a trace of dirt under your fingernails, and even your hacking cough when you intermittently gave up smoking was unobtrusive. It was almost as though your power lay in presenting yourself to perfection because your inner power tumbled about in turmoil.

Power. That was the *really* real thing to you. The power to hold an audience in silence, to seduce an unattainable woman, to insist on just the right Italian meal. (You wouldn't eat the pasta unless it was al dente.) The power to cheat now and then at the gaming tables, knowing you were being observed from the rafters above. The power over your need for sleep – you'd play all night and go to work in the morning. The power over the press, realizing that decking a photographer or journalist only enhanced your mystique. The power to raise money and influence people politically, usually because you identified with the needs of the underdog. For years you were a stalwart Democrat who wished to make the world better and more prosperous for people who struggled in their lives. You seemed to want to ease their pain because you were familiar with the pain in yourself.

I never understood why you became a Republican, or even whether you actually voted that way. I surmised you had concluded that the Democrats had made a mess of their party and you went with what you believed would be the power in the future. Or perhaps, as most people think, you were deeply hurt when Jack Kennedy decided not to stay at your meticulously prepared Palm Springs home in 1962. I know you felt it was a betrayal of friendship when he opted instead to stay with the Republican Bing Crosby.

If the Kennedys were skittish about rumors of your ties to the Mob, then you must have understood their motivation; only recently have their own associations become publicly evident. Yes, I feel that you were the fall guy for the associations both of you had. But your acquaintances with the »boys« began for different reasons. Your relationships with them were inevitable: they owned and operated the saloons you sang in all your life. That is not what mattered to me, though. I was fascinated with the interchange of power between you. To tiptoe around whether or not you knew and associated with them is ridiculous today, because now we long to comprehend the deeper attraction in an artist as important as you were to our culture.

You seemed almost playfully fascinated by the power of the »boys«. I was there. I witnessed the practical jokes and testing of male wills. You laughed when I pulled a water pistol on Sam Giancana. It's true that I didn't know who he was until much later. But it was a game to you, and to me, too, at the time. I never felt manipulated or used as a naive playmate; I related to it all in the spirit of fun. So did you. But you *knew* who they were. And you knew your audiences were intrigued and loved to romanticize your relationship to such people. Why not? You knew everyone longs to dabble in danger sometimes. So you entertained them by painting your life on an immensely colorful canvas.

I needed to understand your attraction to the power and domination these people wielded. You were an artist. You were authentic. You were the real thing. Over the years, I saw the blue-blooded

Godfathers, Giancana and company, replaced by men who had no real power. When the heyday of the Dons ended, your saloon adventures were over. The new Dons were only Donnys who gaped in awe at your power over an audience or a gathering. When they fawned over you, poking you and winking as though they knew you intimately, you loathed it. You tolerated their behavior as you sipped their $ 1,500 bottles of wine, but finally I saw you turn on them. You ridiculed their feasts, their clothes and their hospitality. I wondered if it was because they assaulted your exquisite sense of artistry. The Sam Giancanas of the world had been the *authentic* heads of crime families. They were authentically crazy and cruel. They were the real thing. You respected that aspect of who they were in their own line of work, because their authenticity matched yours. And now you couldn't bear impostors.

You demanded authenticity: in your music, your friends, your lovers, your presidents, your gangsters. It was the phonies you loathed – even feared, because you couldn't see who they really were. They covered up; you never did. You couldn't connect with a phony and that frightened you, and ultimately drove you mad. That madness could make your life a turmoil. But when you sang, your turmoil disappeared. So did the turmoil in those who listened, because they were getting the real thing. You connected.

When I stood next to you onstage and felt the electricity flow along an invisible cord between you and the audience, I understood the miracle of your genius. It was the genius of giving yourself. Your music was your medium. History will conclude that your music was your message, I suppose. But to me your musical interpretation was the language that enabled us to understand our own snarled lives more clearly, because you were courageous enough to express yours. What you gave you got back in equal measure. It was authentic interchange. There were no impostors.

I think often of that music you said you heard in your head. You didn't know where it was coming from. I know now that you have found its source. I think of the red-hot flame of life that blazed in you with its love and its contradictions, igniting all those you touched. I hope this fire has subsided into the quiet violet flame of the peace that passeth all understanding, and that you will sing with your backup choir until the rest of us can hear it. We blaze in the memory of who you were. And *are*, I'm sure.

Newsweek, 25.5.1998

SOME CAME RUNNING: Frank Sinatra, Shirley MacLaine

Shirley MacLaine, um 1990

Shirley MacLaine, um 1990

Yvonne Rehhahn

THE TROUBLE
WITH HARRY

Stellen Sie sich vor, Sie spazieren in herbst-buntem Wald – und stolpern über eine Leiche; obendrein sind Sie ein pausbäckiger Knirps mit einem blauen Spielzeuggewehr vor der Nase und laufen nach Hause, um Ihrer schönen, jungen Mama die Entdeckung zu zeigen. Doch die ruft nur, kaum daß sie den in schönstem Technicolor daliegenden Toten erblickt: »I can't believe, Harry! Thanks Providence.« Harry habe einen tiefen, wunderbaren Schlaf, erklärt sie, und will partout nicht, daß er daraus wieder erwache. Sie schlägt vor, einfach zu vergessen, daß es ihr zweiter Ehemann ist, der da in mißlicher Lage herumliegt. »Let's run home, and I'll make you some lemonade.« »Is there a special way to forget, Mom?« »Just think of something else.«

Für Shirley MacLaine war die Rolle der zufriedenen Witwe Jennifer Rogers in Alfred Hitchcocks THE TROUBLE WITH HARRY ihr Filmdebüt. Ein Agent des Suspense-Meisters saß im Parkett, als die junge Tänzerin in der Broadway-Produktion »The Pajama Game« reüssierte. Für Hitchcock war die Neuentdeckung der absolute Gegentyp zu seinen kühlen und eleganten Blondinen. Sie war auch das ganze Gegenteil zur stilisierten Komödien-Heroine Doris Day. Die amerikanische Kritik reagierte kühl auf Hitchcocks sardonische Komödie: In Amerika herrschte McCarthy, mit den Toten trieb man keine Scherze, und über sexuelle Angelegenheiten wachte Hollywoods Production Code. Nicht immer erfolgreich: »I have a short fuse«, bedeutet Shirley MacLaine dem Jung-Maler Sam Marlowe (John Forsythe), als sie ihn bittet, sie nicht allzu leidenschaftlich zu küssen. Vielleicht ließ sich durch die federleichten Dialoge des Drehbuchschreibers John Michael Hayes der Filmkritiker der »New York Times«, Bosley Crowther, dazu hinreißen, Shirley MacLaine »screwball blandness« zu attestieren. Aber das ist es nicht nur. Als Jennifer Rogers das ganze Hin und Her um das ärgerliche Corpus delicti zu bunt wird, strafft sich ihr Körper und markiert die selbstbestimmte Grenze: Ihr stand nicht der Sinn danach, dem plötzlich wieder aufgetauchten Ehemann zu Willen zu sein. Ohne Umschweife donnert sie Harry eine Milchflasche über's Haupt. Und über eine neuerliche Heirat entscheidet Jennifer ganz pragmatisch. Diese junge Frau will ihre Eigenständigkeit behalten, selbst wenn sie sich ins Doppelbett legt. Das war nicht unbedingt eine Verhaltensweise, die die amerikanische Gesellschaft und Hollywoods Amerika von einer artigen Ehefrau erwarteten.

Aber auch bei den anderen, schrecklich netten Durchschnittsmenschen aus dem idyllischen Dorf in Vermont/USA vermag Harrys Zustand kaum einen Wimpernschlag zu provozieren. »What seems to be the trouble, Captain?« fragt die ältliche Miss Gravely (Mildred Natwick) den pensionierten Kapitän Wiles (Edmund Gwenn), als dieser Harry an den Beinen hinter eine Eiche ziehen will. Der alte Seebär hat verbotenerweise Kaninchen gejagt, als er auf den lästigen Toten stößt.

THE TROUBLE WITH HARRY: Mildred Natwick, Shirley MacLaine

Der abstrakte Maler schließlich entdeckt Harry nur, weil dessen karminrote Sockenspitzen sich nicht recht ins Bild fügen wollen. Sie alle handeln verblüffend nonchalant, plaudern kühl und debattieren sachlich über Harry hinweg ob seiner Zukunft. Alle trauen sich den Mord zu, obwohl eigentlich niemand so genau weiß, ob er's auch tatsächlich war. Sie buddeln ihn flugs ein und wieder aus, und kaum daß es gilt, ein neues Motiv für Harrys Tod auf seine Wahrscheinlichkeit hin abzuklopfen, schaufelt man mit langstieligen Spaten alles erneut zu. Danach trinkt man Tee oder Limonade auf weißen Holzveranden und delektiert sich an *blueberry muffins*. Dies alles entwickelt sich von einer Sequenz zur nächsten, bis die amerikanische Filmnacht über den stillen Herbstwald hereinbricht.

Hitchcocks »in-and-out-Harry« (Variety) verursacht bei niemandem ein schlechtes Gewissen. Keine und keiner schmort im Fegefeuer. Der Regisseur schaut zu und »mischt sich nicht ein ins Leben« (Truffaut). Am Ende gibt's zwei Liebespaare, und Harry traf einfach nur der Schlag. Und Shirley MacLaine? »Sie war ausgezeichnet«, sagte Hitchcock in einem Interview zu Truffaut, »und sie hat es ja hinterher auch zu etwas gebracht.«

Jörg Becker # SOME CAME RUNNING

As Dave (Frank Sinatra) eines Morgens in der amerikanischen Kleinstadt Parkman, Indiana, aus dem Greyhoundbus steigt, ein Soldat, der nach vielen Jahren zurückkehrt, stellt sich der Ort, der ihm wohl Herkunft, doch nicht mehr Heimat ist, vor seinen Augen wie ein offenes Buch dar. Nichts kann hier auf Dauer den Anschein des Intakten aufrechterhalten. Dave ist der Verstoßene, der Emigrant, und er bringt, ohne sich dessen recht bewußt zu sein, ein Wesen aus Chicago mit, ein leichtes Mädchen, Ginny (Shirley MacLaine).

Die provinzielle Scheinwelt muß dem Weitgereisten, der die Welt vagabundierend erlitten hat, als ein Kulissenspiel aus Täuschungen und Unwahrheiten zwischen Prätention und Abgrund vorkommen, ein unbewußtes Taxieren zwischen Wunsch und Hemmung, Norm und Verstoß, Harmonie und Obsession. Daves Blick ist offen taxierend, ohne Rücksichten, der Blick eines Gegenlesers, eines Fremden aus der Wirklichkeit draußen, die auch die Wirklichkeit dieses Schriftstellers ist, welcher keine Zugehörigkeit mehr kennt. Nach seiner Ankunft, im Hotelzimmer mit Blick auf das Juweliergeschäft seines bürgerlich arrivierten Bruders Frank (Arthur Kennedy), bestellt er eine große Schale Eis mit so herausfordernder Selbstverständlichkeit, daß die paar Flaschen Whiskey, die er dazu verlangt, gar nicht mehr ins Gewicht fallen. In Smitty's Cocktailbar gegen Mittag lernt er Bama (Dean Martin) kennen, der geboren ist, um zu trinken, seinen Lebensunterhalt beim Pokern verdient und seinen Hut nie absetzt. Am Nachmittag lehnt Dave den harmlosen Aperitif, der den Bürger gesellig macht, ab. Einem Trinker bietet man keinen Martini an.

Die Literaturdozentin Gwen (Martha Hyer), die alle Bücher Daves kennt, bedrängt er vergeblich; ein einziges Mal wird er ihr das blonde Haar öffnen, nachdem sie von der Lektüre seines Manuskripts überwältigt ist. Dave liebt sie umso mehr, als sie sich nicht einfach hingibt. Emotional ist Gwen ein alltäglicher Mensch, intellektuell jedoch kann sie ihm folgen. Die Lebendigkeit von Personen, die sie in Daves Erzählung faszinieren, kann sie leibhaftig nicht aushalten.

Als Ginny plötzlich neben Dave auf dem Busbahnhof steht, muß dieser sein Saufgedächtnis auffrischen, um sich an das zerzauste Mädchen mit der Kunstblume im Haar und dem Stofftier als Handtasche zu erinnern. Sie war seinetwegen mitgefahren. Er gibt ihr Geld und vertröstet sie, und wie die fragende Traurigkeit auf ihrem Gesicht, als sei sie nie dagewesen, auf einmal von einem breiten, dahinschmelzenden Strahlen weggewischt wird, das wiederholt sich den ganzen Film über immer wieder, wenn sie ihm begegnet. Sie ist ihm vorbehaltlos hingegeben; manchmal unterläuft ihm eine zärtliche, fast zufällige Berührung. Doch sie weiß, nur betrunken ist er nett zu ihr. Und da gibt es noch diesen unberechenbaren, lästigen und eifersüchtigen Verfolger aus Chicago, dessen Nachstellungen ihr doch auch ein wenig schmeicheln, selbst wenn sie ihn nicht

SOME CAME RUNNING: Frank Sinatra, Shirley MacLaine, Dean Martin

ertragen kann. Das Mädchen ohne Arg, das mit jedem mitläuft wie ein herrenloses Tierchen und sich in ihren Gefühlen ohne Reserve preisgibt, wird im tragischen Finale zum Opfer dargebracht, gleichsam zur Mahnung für all jene, die sich über sie und Leute wie sie erhoben haben – Tugendhafte, denen die letzte Tugend abgeht.

Verschiedentlich hat man im Film eine große Gedenkfeier – hier ist es das Zentenarium der Kleinstadt, das wie eine Kirmes begangen wird – mit dem Tod einer unschuldigen Person konfrontiert, als Preis des Triumphs, der dahin geführt hat. Darin mag ein geheimer, revidierter Gründungsmythos der Vereinigten Staaten liegen, eine Erneuerung durch das Opfer Durchreisender oder Zugelaufener, die sich erst durch den Tod ein Bürgerrecht erwirken.

Die Tat an Ginny – der Mord – gibt ihr Seriosität, spricht sie heilig und andere schuldig. Die Vulgäre, Einfältige mit dem reinen Herzen beschämt die schöne Seele der Dozentin, ihr Bürgerverlangen nach Sicherheit, ihre fehlende Selbstgewißheit. Keine Frage, wer mehr zu geben vermochte. Die Verfolgung und der tödliche Schuß im Jahrmarktstrubel in flackerndem Rotlicht vor aufblitzenden Neonlettern stoßen die Handlung mit dem Tempo einer Revueszene, wie getanzt, dem Ende zu. Torkelnde Muster, Schattenrisse des Täters. Eine andere, unerfüllte Leidenschaft muß sich hier rächen und die Begehrte töten, wenn diese schon nicht zu besitzen ist.

Michael Esser # ASK ANY GIRL

Es war einmal vor vielen, vielen Jahren, im Mittelalter des 20. Jahrhunderts, als die Menschen noch an die Moderne glaubten und ein Mädchen von irgendwo auf einen Bahnhof stolperte, überall aneckte und sich schließlich, nachdem es für ein paar Sekunden von Erfolg und Liebe geträumt hatte, auf dem kaltgefließten Boden der Tatsachen wiederfand – und das gewissermaßen nackt, weil der nächstbeste Mann mit ihrem Koffer voller Kostüme und Unterröcke und all den anderen Fünfziger-Jahre-Accessoires verschwunden war.

So purzelte die kleine Meg Wheeler in die große Stadt, die wohl New York hieß, aber jede Stadt in den USA hätte sein können, denn die Geschichte spielt in Büros, Drugstores, Appartements, Liebesnestern, Restaurants und den Vorzimmern reicher Junggesellen – und wurde ohnehin ausschließlich in den Studiohallen der MGM gedreht. Natur ist tabu in dieser Geschlechterkomödie. Es geht um Arrangements, Künstlichkeit, Oberflächen.

Meg Wheeler glaubt sich vorbereitet auf die Metropole und die Männer, dafür hat sie sich mit soziologischen Untersuchungen gewappnet. Es herrscht Männermangel, und das heißt Ausschau halten und zugreifen. Allerdings heißt es auch, sich hüten vor dem Schicksal der nullkommafünften Frau, die am Ende der statistischen Berechnungen unvermeidlich übrigbleibt.

Doch immer der Reihe nach. Shirley MacLaine als Meg Wheeler mit ihren großen, staunenden Augen und dem trotzigen Mund findet zunächst Unterkunft in einem Mädchenheim und wird von ihren *room mates* darüber aufgeklärt, daß eine betonte Oberweite die schärfste Waffe im Kampf um den Mann ist. Daraufhin landet sie prompt einen Coup und angelt sich einen Job: untalentiert als Sekretärin, aber fähig als ›Pullover-Repräsentantin‹ in einem Strickwarenvertrieb. Ein Geschäftsfreund ihres Chefs lädt sie zum Essen und dann ins Landhaus seiner Tante ein. Meg genießt die Zärtlichkeiten des jungen und durchaus attraktiven Mannes, freut sich sogar, als sie erfährt, daß die Tante in der Ferne weilt und sie bei ihrem Tun nicht stören wird: bis ihr bewußt wird, wohin das alles führt. Sie läuft davon, um ihre Unschuld bis zur Ehe zu wahren, und es hat den Anschein, als wenn sie über die Striktheit ihres Bewußtseins nicht ganz glücklich ist und lieber den Lockungen des Unterbewußtseins nachgegeben hätte.

Das also ist der Konflikt der Story: Wird es Meg gelingen, einen Mann auf sich aufmerksam zu machen, der mit dem einen, dem Unaussprechlichen, wartet bis zur Hochzeitsnacht? Ihre Chancen stehen schlecht, weil die Welt fünfzehn Jahre nach dem Krieg zwar schön bunt, aber zutiefst ungerecht ist, und jeder schwitzende Lustmolch und jeder spätpubertierende Jüngling glaubt, ihr an die Wäsche gehen zu müssen. Meg erwehrt sich der allzu dreisten Avancen denn auch schon mal mit einem burschikosen Kinnhaken.

ASK ANY GIRL: Rod Taylor, Shirley MacLaine, Jim Backus

Drei Kandidaten kommen dennoch in die engere Wahl: Zum einen Rod Taylor als Ross Tayford, der Forsche mit dem Landhaus, der am Ende jedoch von einem Nebenbuhler mit besseren Manieren und härteren Fäusten aus dem Feld geschlagen wird. Kandidat Nummer zwei ist Gig Young als Evan Doughton, der Mitinhaber einer Werbefirma. An ihm, dem charmanten Playboy, der ihr Komplimente über ihre schönen Beine macht, hat sie ernsthaftes Interesse. Das Problem: Er sieht nicht ein, warum er heiraten und auf all die rothaarigen oder verspielten oder musikalischen oder sportlichen oder gut kochenden, auf jeden Fall stets bereitwilligen Frauen verzichten soll, aus deren Überschußangebot er wählen kann wie ein verwöhnter Bub aus der überquellenden Spielzeugkiste.

Ohne Frage ist der dritte Mann der richtige, schon weil er von David Niven gespielt wird und weil klar ist, daß ein junges, unschuldiges Mädchen einen distinguierten, väterlichen Freund braucht – erst recht, wenn sie zu enge Pullover trägt, Tinte auf Krawatten spritzt, von Zigaretten Hustenanfälle bekommt und im Club neurotischer Jungfern zu enden droht. Niven als der gewiefte Werbestratege Miles Doughton gewinnt, von Meg dazu animiert, sichtlich Spaß daran, sie als Ware mit begrenztem Verfallsdatum zu betrachten, die er für den designierten Abnehmer ansprechend herrichtet. Doch Pygmalion verliebt sich in das selbstgeschaffene Lustobjekt und ist sogar (nachdem er teilnehmende Feldforschung bei den Konsumentinnen seines Bruders betrieben hat) bereit, den Preis zu zahlen: Die Flitterwochen mit Meg läßt er sich was kosten.

Andrea Winter # CAN-CAN

ole Porters Musical »Can-Can« war ein Kassenschlager und daher ein klarer Fall für Hollywood, doch von den Musik- und Tanzeinlagen des Broadway-Originals blieb im Kino wenig übrig. Twentieth Century-Fox produzierte einen üppigen Revuefilm mit aufwendiger Technik und teurer Ausstattung. Wenn Hollywood-Phantasien mit dem Montmartre kollidieren, entsteht ein künstliches Gemisch im Las Vegas-Style. In CAN-CAN schlüpft Amerika ins Kostüm der Pariser Jahrhundertwende. Trotzdem ist es ein Musikfilm der fünfziger Jahre. So verschmelzen Broadway-Hits mit der *musique* von Jacques Offenbach, das Pariser Nachtleben singt im breitesten Amerikanisch »Je t'adore«, »Ooooh là là!« und »Ring-a-ding-ding«. Visuell inspiriert natürlich Toulouse-Lautrec das Geschehen, umrahmt von bunten Showeffekten und frechen Tanzparodien. Schließlich die binationale Starbesetzung: Möchtegern-Franzose »François« Sinatra spielt einen smarten Strafverteidiger an der Seite von Berufscharmeur Maurice Chevalier, irgendwo dazwischen laviert der gutaussehende Louis Jourdan. Als Sahnehäubchen der *mélange* tanzt Shirley MacLaine alias Simone Pistache zwischen allen Stühlen und versucht, zusammenzuführen, was nicht zusammen gehört, Hollywood und Montmartre (siehe oben).

Ganz Paris träumt von der Liebe (so lautet auch der deutsche Titel) und ist darüberhinaus dem Cancan verfallen. Die Beine schwingenden Tänzerinnen wirbeln alles durcheinander. Daher verwandelt sich Simone Pistaches Nachtklub von einer Vergnügungsstätte in einen Kampfplatz für verschiedenartige Paradoxien. Einerseits soll die Wollust mittels Recht und Ordnung unterbunden werden, denn der Cancan ist schlüpfrig, folglich illegal, die Korruption blüht. Andererseits will ausgerechnet die Bestechungskünstlerin Pistache ihr unordentliches Liebesleben legalisieren und liegt im Clinch mit ihrem ehescheuen *petit ami,* der für die Anarchie der Gefühle plädiert. Doch Ratio und Emotion kämpfen nur scheinbar gegeneinander. Auch die Gesetzeshüter tummeln sich in fremden Gewässern und treiben das Chaos auf die Spitze. Die gefährlichste Nebenwirkung des stimulierenden Cancan ist die plötzliche Persönlichkeitsveränderung. Kurzschlußartig werfen die Protagonisten ihre ureigenen Prinzipien über Bord. Ein tugendsamer Richter kann sich der gesungenen Indoktrination »Not to love should be considered treason« nicht erwehren und geht in der Halbwelt auf emotionale Entdeckungsreise. Der eingefleischte Playboy läßt sich domestizieren, und die oberste Verfechterin eines Sittlichkeitsvereins will unbedingt den Cancan erlernen, obwohl sie den Tanz eben noch abschaffen wollte. Mit der seichten Handlung springen die Protagonisten zwischen Tanz- und Gerichtssaal hektisch hin und her, und jeder ist plötzlich das, was er eigentlich nie sein wollte. Am ehesten bleibt sich Simone Pistache treu, obwohl sie sich zwischenzeitlich in die Umlaufbahn der Oberen Zehntausend verirrt.

CAN-CAN: Frank Sinatra, Shirley MacLaine, Maurice Chevalier

Hier läuft Shirley MacLaine zu Höchstform auf. Im hochherrschaftlichen Kreise der Herzöge ist die energische Frivolität der Tingeltangeltänzerin völlig *déplacé;* champagnertrunken verliert sie die *contenance.* Aus ihrer gestelzten Sprache platzt dreckiges Lachen, die ausdrucksvolle Mimik rutscht in obszöne Tiefen, Gestik und Körpersprache sind *absolument* vulgär. Die Dame mit dem zweifelhaften Ruf greift sich ungeniert ins Dekolleté, entblößt die Schenkel bis zur aristokratischen Schmerzgrenze und geht in Sachen Körperkontakt auf engste Tuchfühlung mit dem anderen Geschlecht. In den mitunter blutrünstigen Tanzparodien des einfallsreichen Choreographen Hermes Pan beweist Shirley MacLaine, daß sie auch eine temperamentvolle Sängerin und Tänzerin ist. Am Ende der ironischen Intermezzi hat sie ihren Tanzpartner erlegt und schleift ihn von der Bühne. So bringt zumindest Simone Pistache auf brachiale Weise Ordnung in ihre Verhältnisse.

Nach Hollywood-Manier werden sämtliche Konflikte im Rundumschlag beseitigt; das abstruse Ende macht *naturellement* keinen Sinn, weil sich mit Ausnahme von Simone Pistache alle irgendwie unlogisch gebärden. There's no business like show business. Auch beim Cancan. *C'est la vie.*

Helga Belach   # THE APARTMENT

»Fran, where are you, Fran?«, ruft Jeff D. Sheldrake verdutzt, als in der Sylvesternacht die ergebene Geliebte plötzlich verschwunden ist.

»Shirley, where are you, Shirley?«, möchte man verwundert fragen, wenn man Shirley MacLaine in Billy Wilders Klassiker von 1960 wiedersieht. Von der Rolle des Opfers hat die Schauspielerin sich längst weit entfernt, im Leben wie im Film. Ob Fran Kubelik aber davon loskommt, erscheint eher unwahrscheinlich, auch wenn sie am Ende ihren Geliebten verläßt und mit wehendem Haar und offenem Mantel durch die Nacht zu C.C. Baxter läuft, dem Mann, der sie wirklich liebt, und den sie einmal scherzhaft »Schwester« genannt hat.

Man kennt die Geschichte: »Bud« Baxter, das »Würstchen« aus dem 19. Stock (Großraumbüro, Panavision – Billy Wilders unvergeßliche Vision eines alltäglichen Alptraums), gelangt in die Chefetage, da die höheren Tiere der Firma in seinem Appartement ihre außerehelichen Affären abwickeln. Das Dilemma: Er verliebt sich in die Fahrstuhlführerin Fran Kubelik, die die Geliebte des Personalchefs ist, der zu seinen ›Kunden‹ gehört.

Buddy Boy, der gute Kumpel. Frierend wartet er auf der dunklen Straße, in eine Ecke gedrückt, den Trenchcoat eng um sich gezogen, den Hut in die Stirn gepreßt. Seine Wohnung bleibt ihm verschlossen. Nach einer Nacht auf der Parkbank betritt er schniefend und schnupfend den Aufzug, den Elevator, wo auf dem Weg nach oben »irgendetwas mit den Männern geschieht«. Die Fahrstuhlführerin beobachtet genau.

»Das Drehbuch war besser und subtiler als alles, was ich bis dahin gewohnt war«, schreibt Shirley MacLaine in ihren Hollywood Memoiren »Glückssterne«. »Billy Wilder und Izzy Diamond legten in ihren Beobachtungen des täglichen Lebens eine solche Brillanz an den Tag, daß Jack Lemmon und ich uns oft beim Mittagessen in der Kantine unterhielten, ohne uns je darüber bewußt zu sein, daß wir etwas in Szene setzten, was im Drehbuch fehlte. Ein oder zwei Tage später tauchte das, was wir gesagt hatten, auf den Seiten des Drehbuchs auf.«

»Ich erkälte mich nie«, erklärt Miss Kubelik (adrettes Kostüm, Blume am Revers, weiße Handschuhe, humorvoll, aber entschieden sexuelle Übergriffe abwehrend – ein guter Kumpel). »Was macht Ihre Erkältung?« fragt sie Baxter am Abend, als der sie in ein Musical einlädt, und zieht ihren Mantelkragen enger um den Hals. Sie legt den Mantel nicht ab, als sie sich dann mit Sheldrake im Restaurant trifft. Möchte einen Cocktail aus glitzerndem Eis (»wie immer«). Sie rezitiert die Litanei ihrer leidigen Affäre, er zelebriert die Rolle des scheidungswilligen Ehemanns, bestellt den zweiten Eiscocktail. Er ist fast geschmolzen, als beide zusammen das Lokal verlassen. Den Mantel hat sie anbehalten.

THE APARTMENT: Shirley MacLaine

Baxter steht indessen in Trenchcoat und Hut verfroren vor dem Theater. Der Wind wirbelt seine Papiertaschentücher über die Straße.

Weihnachtsabend. Ein Häufchen Elend, sitzt Fran weinend und schluchzend in Baxters Appartement. Ihre Hände (in Handschuhen) halten den Kragen ihres Mantels fest zusammen. Doch gleich darauf wieder »der fröhliche Clown«, schenkt sie Sheldrake eine Schallplatte, eine Anspielung auf ihre Romanze. Er steckt ihr einen 100-Dollar-Schein in die Handtasche. Sie erstarrt. MacLaine kann unglaublich erstarren. Alles an ihr gefriert. Eisig bis in die Fingerspitzen streift sie ihre Handschuhe ab. Öffnet den Mantel, ihr Dekolleté schimmert auf. Bietet ihm das Bild einer Prostituierten. Mechanisch zieht sie den Mantel wieder an: Sheldrake hat es eilig, zu seiner Familie zu kommen. Allein in der Wohnung, entdeckt sie die Schlaftabletten. In einer Bar tanzt Buddy Baxter im Wintermantel, seinen Bowler, Modell »Juniorchef« auf dem Kopf, eng umschlungen mit einer Frau, die sich aus Einsamkeit an ihn gehängt hat. Er wird Fran das Leben retten.

Das Frösteln durchzieht den Film. Sich zumachen, sich einhüllen. Der Selbstmord: ein Impuls des Augenblicks und der Gelegenheit. Danach ist Fran wie eine Gliederpuppe, willenlos. Immer wieder sinkt sie in den Schlaf. Kehrt zurück zu Sheldrake: das gleiche Lied, dasselbe Muster.

Am Ende erst befreite Energie, ein Hauch von Wärme: Fran läuft atemlos zu Baxter, legt ganz selbstverständlich ihren Mantel ab, mischt die Rommé-Karten und läßt ihn abheben. In einen siebenten Himmel? Die Kisten sind gepackt. Ein Umzug ins Glück? Oder: die alte(n) Klamotte(n) am neuen Ort?

Andrea Dittgen # THE CHILDREN'S HOUR

Krampfhaft kauert die junge Lehrerin auf dem Sofa. Sie traut sich nicht, die Freundin anzusehen, und krallt die Hände in die Lehne. Schluchzend beginnt sie ihr Geständnis. Wie eine verzweifelte Mörderin. Die fünf Minuten, in denen Shirley MacLaine als Martha bekennt, schon immer mehr als nur freundschaftliche Gefühle für die mit ihr lebende und arbeitende Frau gehegt zu haben – ohne sich dessen bewußt zu sein –, bilden das Zentrum dieses mitreißend-bizarren Psychodramas von William Wyler. Um seinen Film durch die Zensur zu schleusen, ließ sich Wyler darauf ein, das Schlüsselwort zu eliminieren: lesbisch. Doch das fehlende Wort, notdürftig ersetzt durch »unnatürliche Beziehung«, was bei der Erstaufführung in Amerika 1961 genauso wie der ganze Film als unzeitgemäß gegeißelt wurde und zum Mißerfolg führte, ist gerade eines der wesentlichen Spannungsmomente.

Das andere ist die Welt einer Kleinstadt in der Provinz, die eine Stadt der Frauen ist. Männer kommen nur am Rande vor: als Chauffeur, als Lebensmittelbote, als befehlsausführender Vater. Selbst James Garner als Arzt, mit dem Karen schon seit zwei Jahren verlobt ist, macht eher einen unterwürfigen Eindruck. Wie Martha ist er fasziniert von der hübschen *sophisticated* Karen, die Audrey Hepburn verkörpert. Dem liebenswerten Püppchen Karen im eleganten Kleid steht die lebensfrohe, handfeste Martha in Bluse und Trägerrock gegenüber. Ein Paar, das sich gut ergänzt und erfolgreich ein Mädchen-Internat führt. Bis eine Dritte, eine Schülerin, die notorisch lügt, ihnen das Leben zur Hölle macht, indem sie andeutet, die beiden seien lesbisch.

Dabei sieht das Mädchen gar nicht die einzige indirekte Liebeszene: wenn Karen Martha unbekümmert in den Nacken küßt, um sie zu beruhigen, daß sich nichts an ihrer beider Leben ändern werde, wenn sie demnächst heiratet. Das Gerücht, das die Schülerin ins Rollen bringt, um sich daran zu rächen, daß Karen ihre Lügen erkennt und bestraft, führt bei der sittenstrengen Großmutter, der wahren Bösewichtin des Films, zu konsequentem Handeln. Sie nimmt ihre Enkelin von der Schule und sorgt dafür, daß auch alle anderen Mütter dies tun.

Die Lehrerinnen haben ihre Existenzgrundlage verloren. Martha, die erkennt, daß in der erfundenen Lüge die Wahrheit steckt, die sie selbst vorher nicht gesehen hat, offenbart sich der Freundin, weil sie sich an der unglücklichen Lage schuldig fühlt. Karen reagiert erstaunlich gelassen und freundschaftlich-beschwichtigend. Wyler kontrastiert die ruhige Mimik in Karens Gesicht während des Geständnisses mit den hektischen Bewegungen der meist nur als Haarschopf ins Bild gerückten Martha. So wie der Regisseur später die Großmutter, die sich für ihren Fehler entschuldigt und den Frauen direkt in die Augen sieht, mit den abgewandten Gesichtern der Lehrerinnen kombiniert.

THE CHILDREN'S HOUR: Shirley MacLaine, Audrey Hepburn

In der subtilen Regie der Blicke steckt die wahre Emotion des Films. In diesem Punkt geht Wyler über das zugrundeliegende Theaterstück von Lillian Hellman hinaus und wohl auch über sich selbst (er verfilmte den Stoff schon 1936 als THESE THREE). Daneben spielt er mit der Neigung des Zuschauers, bei Filmen nach Bühnenstücken den Worten mehr Gewicht beizumessen als den Bildern, und er schafft es, in seinem ausgeklügelten Psychospiel ein zweites Thema wichtig zu machen: die Parade gegensätzlicher Frauentypen (auch eine Schülerin, die sich erpressen läßt, spielt eine wichtige Rolle, ebenso wie ihre gutmütige tolerante Mutter).

Nur die Blicke lügen nicht. Von Anfang an sind es mehr die Augen Shirley MacLaines als ihre Worte, die ihre Gefühle offenbaren, darin liegt die Kraft ihres Spiels in diesem Film, der mehr auf Audrey Hepburn zugeschnitten ist als auf MacLaine in einer ihrer ersten ernsten Rollen. Aber Martha ist die stärkste Figur, als einzig wahre Liebende ist sie Verliererin und Gewinnerin zugleich. Ihr letzter Blick durch das Fenster in ihrem Zimmer herab in den Vorgarten, folgt lange, liebevoll und weise der Freundin, die klein unten auf dem Weg vom Haus weggeht, ohne sich umzudrehen. Karens letzter Blick nach Marthas Beerdigung geht ins Leere, in eine einsame Zukunft.

Wolfgang Theis   My Geisha

Film im Film ist nicht gerade ein erfolgsver-
sprechendes Genre, bietet hier aber die
Folie für eine vergnügliche Parabel über eheliche Treue, Eifersucht, Seitensprünge, Täuschungen
und weibliche List. Shirley MacLaine, rothaarig und behost, spielt die burschikose, überaus erfolgreiche Filmdiva Lucy Dell. Ihr Regisseur und Gatte Paul Farley, dargestellt von Yves Montand,
dessen Affäre mit Marilyn Monroe für Schlagzeilen gesorgt hatte, der aber dann doch reumütig zu
seiner Frau Simone Signoret zurückkehrte, ist es leid, im Schatten seiner Frau zu stehen. Farley will
endlich eine unabhängige Karriere und plant, in Japan »Madame Butterfly« zu verfilmen. Auf
jeden Fall soll seine Hauptdarstellerin Japanerin sein, möglichst unberührt von westlichen
Einflüssen. Sein Freund und Produzent Sam, herrlich stoisch Edward G. Robinson, ermöglicht ihm
den Film, unterstützt aber gleichzeitig Lucy in ihrem Vorhaben, die Rolle der »Butterfly« zu ergat-
tern. Von Eifersucht getrieben, folgt sie ihrem Mann nach Japan. Sie befürchtet, daß der Gatte sie
betrügen könnte. Umgeben von Geishas findet sie ihn in einem Teehaus und wettet mit Sam, daß
Paul sie als Geisha verkleidet nicht erkennen werde. Kimono, Schminke, Perücke und das unver-
frorene Spiel mit japanischen Stereotypen überzeugen Paul und die Zuschauer. Lucy bekommt die
Rolle, obwohl sie maßlos überzieht und ihrem hingerissenen Ehemann bei den Probeaufnahmen
die Quintessenz aller Frauenschicksale des japanischen Films vorspielt. Restlos überzeugt ihn ihr
Entschluß, nach dem Film ins Kloster zu gehen. Nur mit großer Mühe und mit Hilfe einer Geisha,
gelingt es Lucy, eine Japanerin und Madame Butterfly zu verkörpern. Das neu gewonnene sanfte
Wesen verführt ihren Filmpartner, einen windigen Frauenhelden, und ihren Regisseur und
Ehemann.

Das tragische Schicksal der »Madame Butterfly«, die Filmfiguren, die vorgeben einen Film zu
drehen und die Realität am Set vermischen sich bis zur Kenntlichkeit. Die Parallelen zum Drehbuch sind offensichtlich: Shirley MacLaines Ehemann Steve Parker lebt und arbeitet in Japan, um
nicht in Hollywood als Mr. MacLaine zu enden. Auch er hat in Japan ein Verhältnis, vernachlässigt
seine Frau, die in ihren Erinnerungen beschreibt, wie sie langsam der Filmrolle und dem Charme
von Montand verfällt. Sie bleibt dennoch bei ihrem Mann. Montand kann sich eine weitere Affäre
nicht leisten. My Geisha ist jedoch ein Filmmärchen, eine frivole Komödie aus Hollywood, und
hier waltet die puritanische Moral. Lucy lernt den reizenden Trippelschritt und die freundliche
Unterwerfung unter die »Krone der Schöpfung«. Die Kamera schwelgt in japanischen Postkarten-
motiven. Edith Head hat für Shirley MacLaine unförmige Pelzmäntel und Jackenkleider entworfen,
auch in der großen Abendrobe sieht sie einfach schrecklich aus. Anmutig und verführerisch ist sie
nur im Kimono.

MY GEISHA: Yves Montand, Shirley MacLaine

Durch einen Zufall, die Filmmuster sind beschädigt, entdeckt Paul bei der Vorführung des Negativmaterials, das schwarz als rot zeigt, daß seine Geisha mit rotem Haar wie Lucy Dell aussieht. Nicht die intimen Kenntnisse des Ehemanns, sondern die Technik entlarvt den Schwindel. Paul ist außer sich und stellt seinen Produzenten zur Rede. Der gesteht das abgekartete Spiel. Bei der Premiere soll der Weltstar die Perücke abnehmen – eine typische Travestiegeste – und für eine Sensation sorgen. Paul macht seiner Geisha rachsüchtig sexuelle Angebote. Die ist empört, ihr Mann will sie mit ihr betrügen. Lucys Ehe droht zu scheitern. Madame Butterfly begeht Harakiri, und Lucy Dell wächst vor Eifersucht und mit Tränen der Wut über ihr komisches Talent hinaus. Die Sensation findet nicht statt. Auf der Bühne erscheint Lucy Dell: die Geisha ist ins Kloster gegangen. Und Lucy, in fernöstlicher Duldsamkeit geschult, spielt die anschmiegsame Gattin.

Christiane Peitz   # TWO FOR THE SEESAW

Manchmal wird ihr Blick einen Moment lang weich und geht beinahe verloren. Manchmal hält sie für eine Sekunde inne, und ihr Aktionismus gerät ins Stocken, jene nervöse Shirley MacLaine-Manier, mit der sie immer mehrere Dinge gleichzeitig tut. Zum Beispiel Milch kochen, aufräumen und telefonieren. Oder wie ein aufgescheuchtes Huhn herumlaufen, das Essen auftischen, mit vollem Mund sprechen, mit der Salatzange herumfuchteln und den Mann, den sie liebt, kaum ausreden lassen. Man könnte ihre unverblümte Art für bare Münze nehmen: Gittel Mosca, die patente, jüdische Möchtegern-Tänzerin aus Greenwich Village, läßt sich nicht kleinkriegen. Wenn da nicht dieser verlorene Blick wäre. Die Keckheit, verrät er, ist bloße Fassade. Gittel tanzt nicht nur vor dem Atelierspiegel ungelenke Figuren, sie turnt allen etwas vor – und verrenkt sich dabei. Anders als Shirley MacLaine wird sie nie Karriere machen.

New York ist hier bedrohlich wie selten im Kino. Eine düstere Stadt mit engen Straßenschluchten zwischen den Hochhäusern, eine Metropole in Schwarzweiß, ohne Menschen, ohne Wärme, ohne Nähe. Gittel lernt den Provinzanwalt Jerry Ryan (Robert Mitchum) kennen, der an seiner gescheiterten Ehe leidet, will ihm helfen und kann sich selbst nicht retten. Sie verliebt sich immer in die falschen Männer, läßt sich von aller Welt ausnutzen, und krank ist sie auch. Die Wohnung kostet 60 Dollar im Monat, die Tapete blättert, durch die Küche spazieren die Wanzen: autobiografische Reminiszenz an MacLaines Chorusgirl-Zeit, als sie 1952 in einer ähnlichen Absteige im Village hauste und sich von Rosinenbrötchen mit Erdnußbutter ernährte. Gittel weiß auf den Cent genau, was wieviel kostet; nur den Preis für ihr eigenes, spontanes Handeln kennt sie nicht. »Eine liebenswerte, verbrauchte, kleine Ballerina«, sagt Jerry, »das geborene Opfer.« Also noch einmal wie in THE APARTMENT und SOME CAME RUNNING die Rolle eines unverdorbenen, temperamentvollen Mädchens, das es in seiner verkorksten Existenz kaum wagt, auf die Liebe zu hoffen. »Ich stehe immer draußen auf dem Treppenflur«, beschreibt Gittel ihre Lage. Ein aussichtsloser Posten.

TWO FOR THE SEESAW ist die Geschichte vom unmöglichen Glück: eine verzweifelte Komödie, die ins Melodram mündet. Es gibt viel zu lachen in diesem unendlich traurigen Film, denn Shirley MacLaine und Robert Mitchum handeln wortreich und schlagfertig aus, was die Liebe jenseits der Romantik bedeuten könnte. Ein Slapstick der guten Absichten und der falschen Bewegungen, ein entwaffnendes, illusionsloses Duell um die Aufrichtigkeit zwischen Mann und Frau, um die Verantwortung, die die Zuneigung mit sich bringt, um die Kunst zu helfen und die Hilfe des anderen anzunehmen. Vor allem kämpfen beide um die Einsicht, daß jeder das Recht hat, seine eigenen Fehler zu machen.

TWO FOR THE SEESAW: Robert Mitchum, Shirley MacLaine

Robert Wise setzte das Zwei-Personen-Stück, das 1958 mit Anne Bancroft und Henry Fonda am Broadway uraufgeführt worden war, 1962 für die Leinwand in Szene und behielt bis auf wenige zusätzliche Schauplätze eine theaterähnliche Kulisse bei. Die Telefongespräche von Gittel und Jerry filmte er nicht im Split-Screen-Verfahren, sondern ließ die Studio-Wohnungen der beiden Wand an Wand errichten. Zwei einsame Großstädter, einander zum Greifen nah und doch durch eine Mauer getrennt. Wenn sie sich begegnen, sorgt Wise erst recht für gehörigen Abstand und plaziert sie (in Panavision!) an den Bildrändern. So lotet der »unbestechliche Blick« (Lars-Olav Beier) des Regisseurs vor allem die Distanz aus, die zwischen ihnen liegt. Selbst wenn ihre Wege sich kreuzen, entsteht keine Nähe. Vor der Kamera kreisen zwei Planeten, deren Laufbahnen sich erst in der Unendlichkeit überschneiden.

Anders als Jerry begreift Gittel dies sofort. Ihre Liebe ist wissend, nicht blind. Trotz aller Schwäche läßt sie Jerry die Freiheit, sich gegen sie zu entscheiden. Dennoch zeichnet Shirley MacLaine nicht das Porträt einer selbstlosen Frau. Gittel braucht nur ihr Essen zu verschlingen, und schon sieht man den Hunger. Weil sie den Mut aufbringt, sich Blößen zu geben, hat TWO FOR THE SEESAW mit so manchem modernen Hollywoodmärchen vom weiblichen Verzicht nichts gemeinsam. Weil Shirley MacLaine jenen Blick wagt, der sich verliert.

Donata Koch-Haag   # IRMA LA DOUCE

Die Traumfabrik Hollywood hat sich eine eigene Topographie des Imaginären geschaffen. Einen der schönsten Orte darin hat sie mit gußeisernen Laternen und regennassem Kopfsteinpflaster möbliert, mit steilen Treppen, engen Dachstuben und dem ewigen Blick auf den Eiffelturm. Paris nennt sie diesen Ort und feiert ihn mit Geschichten von zauberhaften Verwandlungen und zerbrochenen Träumen, vom kleinen Tod und, natürlich, der großen Liebe. Und wenn die Zeit fünf Uhr morgens ist, der amerikanische Puritanismus sich etwas übernächtigt fühlt, mit schweren Beinen und leichtfertigen Gedanken, dann läßt sich auch diese Geschichte erzählen: von der Straßendirne Irma La Douce (Shirley MacLaine) und ihrem *mec* Nestor (Jack Lemmon), einem Expolizisten, der sich wider die guten Sitten seines Gewerbes hoffnungslos in sie verliebt, eine Geschichte, wie der Erzähler im Vorspann ankündigt, »voll Leidenschaft, Blutvergießen, Sehnsucht und Tod. Kurz: alles, was das Leben lebenswert macht.«

Und um das Leben geht es hier vor allem. Die Stadt selbst ist ein lebender Organismus, ein Körper mit offiziellem, feierlichem Gesicht, launischem Herzen und rumorenden Eingeweiden. Im Inneren wird die Außenwelt zum Gerücht; Alexander Trauners Dekor zeichnet Paris als Traumland-Ferne, die nur aus klaustrophobischer Nähe besteht. Der Mythos der Markthallen als »Bauch von Paris« liefert dem Film eine metaphorische Ökonomie, eine Logik der Fruchtbarkeit und des Überflusses: ein barocker Technicolor-Triumph des Augenblicks angesichts der überwältigenden Gegenwärtigkeit der *nature morte*. Der Tod als Grundlage des Verwertungsprozesses beherrscht die Bildlichkeit, die endlosen Reihen gewaltiger Rinderhälften und makaber grinsender Schweinsköpfe setzen sich fort in der Frischfleischauslage der Rue Casanova, wo die »ganze Weibsfauna der Passagen« (Benjamin) auf die Schlachter im blutigen Kittel wartet.

Billy Wilder erzählt die Geschichte einer Initiation, deren Schlüssigkeit kaum in der lustvoll-absurden Handlungsführung zu finden ist. Nestors erster Auftritt läßt zwei Welten aufeinanderprallen: in seiner frischrasierten Naivität entspricht er dem stereotypen Amerikaner in Paris, dessen Erziehung des Herzens (und der Lenden) dem Zuschauer vorgeführt wird, der zunächst in die Welt der Frau eintauchen muß, um seiner aktiven männlichen Rolle gerecht zu werden. Denn Irma, diese grünschillernde Sumpfpflanze, hat sehr präzise Vorstellungen von der Ordnung der Dinge. Noch während des Vorspanns werden die sozialromantischen Vorstellungen vom gefallenen Mädchen, die üblicherweise das Bild der Prostituierten im Kino weichzeichnen, karikiert durch den pragmatischen Umgang mit dieser Illusion: Jedem Freier erzählt sie eine andere rührselige Geschichte über ihr hartes Schicksal, weil sich Mitleid in ein paar Scheinen extra auszahlt. Zu oft geküßt, wartet sie auf keinen Prinzen mehr, ein verschlafenes Dornröschen mit trunksüch-

IRMA LA DOUCE: Shirley MacLaine, Jack Lemmon, Bruce Yarnell

tigem Pudel, die Seele imprägniert wie ihr durchsichtiger Regenmantel. Die dunkle Macht der Erotik hat sich in den Ritzen des Dekors verkrochen, was bleibt, folgt den gängigen Regeln des Handels mit verderblichem Gut.

Als Irma das erste Mal hinter dem Haupttitel erscheint, geschlitzter Rock, grüne Strümpfe, den Blick ins Unbestimmte, ist sie ganz professionell gelangweilte Sinnlichkeit. Die Grundstimmung ihrer Person ist nicht Lasterhaftigkeit, sondern Müdigkeit, die Erschöpfung einer 7-Tage-Woche – eine Müdigkeit, die allmählich auf Nestor übergeht, als er zum heimlichen Ernährer des Paares wird. Die Prostitution wird nicht als Arbeit gezeigt, aber als solche gewertet und der Schufterei in den Markthallen gleichgestellt. Äquivalenz und Analogie kommen in gefährliche Nähe, wenn Nestor unter den Fleischmassen zusammenbricht.

Das trotz einiger Slapstick-Szenen verhaltene Tempo des Films scheint sich eher dem Rhythmus der Lebensprozesse als der Dynamik einer Komödie anzupassen. Shirley MacLaines Irma ist mehr Degas als Toulouse-Lautrec, zeigt delikate, puppenhafte Blässe statt greller Effekte. Sie buchstabiert ein Klischee, um daraus auszubrechen, ihre Darstellung lebt vom Reiz der verrutschten Blicke. Die Figur gewinnt Leben in dem Maße, in dem die Logik des Marktes mit der Macht der Liebe verschmilzt, wenn Irma in der Therapiesitzung mit kindlicher Ernsthaftigkeit ihren Liebesdienst zelebriert oder sich beim Fandango auf dem Billardtisch die Glückseligkeit eines erfolgreichen Hurendaseins aus dem Leib tanzt, zum Schluß die Kamera und die ganze Welt umarmt.

Frank Noack # WOMAN TIMES SEVEN

Sieben unterschiedliche Frauen zu spielen – das bedeutet immer auch sieben (wenn nicht noch mehr) unterschiedliche Kostüme und Frisuren zu tragen. Die Zahl der Zuschauer, die sich für solche ›Nebensächlichkeiten‹ interessieren, sollte man nicht unterschätzen, sie machen einen Großteil der Fangemeinde von Joan Crawford, Marlene Dietrich, Lana Turner und Sharon Stone aus. Shirley MacLaine gehörte nie zu dieser Sorte Star, obwohl sie ein echtes Showbusineß-Kind ist. Sie wirkte immer zu burschikos, um überzeugend eine Boa oder ein Glitzerkleid zu tragen, und ist insofern eine ungewöhnliche Besetzung für WOMAN TIMES SEVEN, dessen Titel schon all das suggeriert, wofür sie nicht steht: Lust am Verkleiden und am Verstellen, Eitelkeit.

Ihr wird weibliche Konkurrenz zugemutet. Elsa Martinelli und Anita Ekberg (letztere sogar in einem Tigerfellkostüm) spielen Wildkatzen, während Shirley MacLaine die graue Maus gibt, und Marcel Escoffier, verantwortlich für die exquisite Garderobe von LOLA MONTÈS, hat sich für WOMAN TIMES SEVEN Kreationen ausgedacht, die selbst im Kontext der sechziger Jahre außerirdisch anmuten. Zum Beispiel eine lachsrote Jacke mit Pelzkragen und dazu ein hellbraunes Kopftuch, das die Strähnen einer monströsen Billigperücke zu bändigen versucht – und das in der Rolle einer Modeexpertin.

WOMAN TIMES SEVEN beginnt mit einer Kamerafahrt den Eiffelturm hinab, allerdings wirken die meisten Nebendarsteller italienisch, ebenso wie die Musik von Riz Ortolani, und Shirley MacLaine kann ihre amerikanische Herkunft nicht leugnen – spielt aber sieben Französinnen. Mit all seinen Unstimmigkeiten ist dieser Episodenfilm ein Dokument des niedergehenden Starsystems und zeigt zugleich, warum ein paar wenige Stars – wie Shirley MacLaine – überlebt haben. Der Film tut nichts für Shirley MacLaine. Aber sie tut enorm viel für ihn, hält die einzelnen Episoden mit ihrer Energie und ihrer Ehrlichkeit zusammen.

In der ersten Episode darf sie etwas divenhaft auftreten. Als vielleicht trauernde, vielleicht auch lustige Witwe Paulette gibt sie Rätsel auf, schwankend zwischen leichtem Pathos und ironischer Distanz. Dagegen ist ihre Maria Teresa in der zweiten Episode eine mitleiderregende Hysterikerin mit Hornbrille, die ihren Ehemann (Rossano Brazzi) regelrecht zum Fremdgehen herausfordert und es dann nicht einmal schafft, sich für seine Untreue zu rächen. Ein scheinbarer Kontrast zu dieser Figur ist die Dolmetscherin Linda, die sich gleich zwei Männer aufs Zimmer holt und ihnen nackt Gedichte von T.S. Eliot vorliest. Shirley MacLaine hat selten so verführerisch ausgesehen wie hier, doch letztlich erweist sich Linda als verunsicherte, redselige Kindfrau mit neurotischen Berührungsängsten. Edith, die Protagonistin der vierten Episode, benimmt sich dann auch so, daß ihr Mann einen Psychiater kommen läßt. Sie trägt ein Babydoll und eine Schleife im Haar, singt

WOMAN TIMES SEVEN: Shirley MacLaine

und fährt auf Rollschuhen durch die Wohnung, und als sie den Psychiater als solchen erkennt, flieht sie aufs Dach und schreit: »Ich bin nicht verrückt, ich bin doch nur verliebt!« Eine Heilung ist nicht in Sicht. Grausam ist auch die Pointe der letzten Episode, in der die brave Hausfrau Jeanne mit einem attraktiven Unbekannten flirtet und nie erfährt, daß der Fremde ein von ihrem eifersüchtigen Ehemann angeheuerter Detektiv ist.

Die sechste und beste Episode weckt Erinnerungen an THE APARTMENT und erinnert als einzige daran, daß dies ein Film von Vittorio De Sica und Cesare Zavattini ist. Zwei arme kleine Leute, unglücklich Liebende, bereiten in einem schäbigen Hotelzimmer ihren Selbstmord vor. Als Marie darf Shirley MacLaine ganz natürlich und unaffektiert sein, Trauer ausspielen, wo sie in den anderen Episoden mit Trauer kokettiert, und sie hat in Alan Arkin einen Partner, der zu ihr paßt. De Sica und Zavattini, die bei Farce, Zynismus, schwarzem Humor, aber auch bei Glamour keine glückliche Hand beweisen, sind ganz in ihrem Element, wenn sie liebevoll zwei einfache Menschen beobachten.

Shirley MacLaine spielt sieben Frauen, die geringe Ansprüche an das Leben stellen. So weit, so schlimm. Und die versierte Tänzerin bekommt keine Gelegenheit zu körperlichem Spiel. Doch wo die darzustellende Figur vom Drehbuch her unterentwickelt ist, verspricht Shirley MacLaine mit ihrem hintergründigen Lächeln ein Potential, das sich im Kopf des Zuschauers weiterentwickelt.

Karlheinz Oplustil # SWEET CHARITY

Mit den Männern hat Charity einfach kein Glück. Ihr Charlie, dessen Namen sie sich auf den Arm tätowieren ließ, ist ein besonders schlimmer Reinfall: im Central Park stößt er sie von der Brücke ins Wasser und haut mit ihrer Handtasche ab. Bei Vittorio, dem italienischen Filmstar, wird sie im Wandschrank versteckt, als seine überdrehte Freundin auftaucht. Und mit dem netten und langweiligen Oscar, den sie in einem steckengebliebenen Fahrstuhl kennenlernt, kann es eigentlich auch nicht gutgehen.

Sie will raus aus dem schäbigen Tanzschuppen, in dem sie schon viel zu lange arbeitet. Mit vollem Namen heißt sie »Charity Hope Valentine«, jedes Wort signalisiert dabei einen Wesenszug. »Charity« das ist die ungekünstelte Herzensgüte, die sie großzügig allen zukommen läßt, auch den Männern, die sie nicht verdienen und die ihre Gutmütigkeit ausnutzen. »Hope« fehlt ihr schon gar nicht: bei allen Rückschlägen und Enttäuschungen in einer herzlosen Welt, erhält sie sich doch die Hoffnung auf die Liebe und das Glück.

SWEET CHARITY ist der erste Film von Bob Fosse als Regisseur und hat eine Vorgeschichte. Die Geschichte der kleinen Hure mit dem gütigen Herzen hatte zunächst Federico Fellini in LE NOTTI DI CABIRIA erzählt. Eine Musical-Fassung hatte Bob Fosse am Broadway inszeniert. In gewisser Weise war Fosse der ›Entdecker‹ von Shirley MacLaine: 1957 wählte er sie für die zweite Besetzung der Broadway-Show »Pajama Game« aus, dadurch wurde sie bekannt, als Carol Haney ausfiel. Shirley MacLaine hat es ihm gedankt, indem sie sich für seine erste Filmregie einsetzte. Später hat sie ihn als einen Regisseur mit dem Anspruch bezeichnet, »einen Film genauso zur Welt zu bringen, wie eine Frau ein Kind«.

Aus Fellinis römischem Straßenmädchen ist im Film ein New Yorker »Taxigirl«, ein Animiermädchen in einem Tanzlokal geworden. Das mutet für das Produktionsjahr 1968 reichlich altmodisch an und hat dem Film eher geschadet als genutzt. Auch Fellinis Schluß ist härter, bei ihm ist Oscar ein gewissenloser Schuft. Aus dem leise hoffnungsvollen »Guten Abend« bei Fellini wurde im Film ein optimistischeres »Guten Morgen«.

Etwas zu ehrgeizig und experimentierfreudig hat Fosse den Film inszeniert. Wenn er sich mit einfacheren Mitteln bescheidet, kommt es aber auch zu Szenen von großer Konzentration. Highlights sind die genial arrangierten Musiknummern, von denen das laszive »Hey, Big Spender« ein absoluter Klassiker geworden ist. Der Witz der Choreographie dabei ist, daß sie einen wirklichen Tanz endlos hinauszögert und fast verweigert. In aufreizenden Posen sind die Mädchen in dem Tanzschuppen aufgereiht, mit dem Blick des Freiers fährt die Kamera an ihnen vorbei. Sie schmeicheln und locken. »Fun, laughs, good time!« werden dissonant beschworen, aber man ahnt, daß

SWEET CHARITY: John McMartin, Shirley MacLaine

die Versprechen nicht eingelöst werden. Die Tüftelei Bob Fosses an den Musiknummern hat Shirley MacLaine mit der Arbeit eines Malers an einem Bild verglichen. »Er choreographierte den Film, er kolorierte ihn, er wählte Kamerastandpunkte, er verlangsamte ihn, er beschleunigte ihn, er belichtete ihn doppelt, er schnitt ihn. (...) Fosse war ein Meister darin, jede Bewegung entgegen der natürlichen Bewegungsrichtung des Körpers zu choreographieren. Seine Körperarbeit war enorm anspruchsvoll. Deshalb war sie auch so aufsehenerregend. Alles war unglaublich unvorhersehbar«.

Sonderbar ist, daß ausgerechnet bei der Hauptnummer, dem »Big Spender«, die Hauptperson Charity nicht beteiligt ist. Ganz auf sie zugeschnitten ist dagegen die mit großem Aufwand an bekannten Schauplätzen in New York gedrehte Nummer »I'm a Brass Band«, bei der Charity ihre Freude über das erhoffte neue Leben mit einer riesigen Militärkapelle austanzt. Und »There's Gotta Be Something Better than This« ist ein mitreißender Tanz mit Chita Rivera und Paula Kelly über New Yorker Dächer.

Ihr ganzes Können kann Shirley MacLaine in SWEET CHARITY zeigen. Sie kann übermütig, traurig und lustig sein, kann singen und tanzen. Sehr komisch ist ihre Begegnung mit dem müden Vittorio (Ricardo Montalban). Sie führt zu ihrem schönsten Auftritt, dem ausgelassenen »If They Could See Me Now«. Am Schluß, wenn sie mit Oscar (John McMartin) in einem unendlich tristen Standesamt landet, bricht sie einem fast das Herz.

Daniel Kothenschulte # TWO MULES
FOR SISTER SARA

Auch wenn er gerade eine Nonne vor einer Horde Vergewaltiger gerettet hat, möchte sich ein echter Desperado nicht unbedingt mit ›Bruder‹ Hogan anreden lassen. Doch vor der Missionierung ist niemand sicher, zumal dann nicht, wenn die frohe Botschaft von so charmanten Lippen gepredigt wird wie denen Shirley MacLaines. Umspielt werden diese freilich von einem Zug so koketter Ironie, daß wir ihr schon zu diesem frühen Zeitpunkt ihre Nonnenrolle nicht ganz abnehmen wollen.

Bereits zur Entstehungszeit des Films hätte man den Star kaum von seinem Leinwandimage trennen können, das insbesondere durch einen Film geprägt war, dessen Hauptrolle Shirley MacLaine von Elizabeth Taylor geerbt hatte – Irma La Douce. Auch jetzt folgt sie den Spuren Elizabeth Taylors, denn die hatte eigentlich ›Schwester Sara‹ spielen sollen.

Don Siegel drehte in Mexiko nun mit einem nicht minder kassenträchtigen Star, dessen heller Teint nicht unbedingt der allgemeinen Vorstellung von einer landestypischen Nonne entsprach, und dessen Anfälligkeit für Sonnnenbrand allerhand Komplikationen während der Dreharbeiten bereiten sollte. Schließlich mußte man speziell für Shirely MacLaine von morgens bis abends einen Schirmträger engagieren. Die Mühen freilich wurden belohnt mit einer temperamentvollen Frische und der unwiderstehlichen Ausstrahlung einer *leading lady,* gegen deren *sweet charity* selbst Clint Eastwood machtlos ist. Einmal muß sich ›Bruder‹ Hogan von ihr sagen lassen, er sei genauso dickköpfig wie ihr Maultier – womit dann auch das Rätsel des Filmtitels gelöst wäre.

Heute ist dieser kuriose Western von besonderem Reiz als Spiegelung einer Spielart des Genres durch eine andere. Hollywood machte sich hier bewußt und mit allem daraus enstehenden Vergnügen die Mittel des Italo-Western zu eigen: Ennio Morricones Filmmusik ist in ihrer Verwendung rustikaler Motive humorvoll, nie aber despektierlich; Kameramann Gabriel Figueroa, berühmt für seine Schwarzweiß-Filme, experimentiert auf effektvolle Weise mit Farbmaterial, Zoomobjektiv und Panavision.

Noch bevor die Titel enden, sieht man Eastwood im Outfit des namenlosen Helden von Sergio Leones ›Dollar-Trilogie‹. Daß es dabei nicht beim äußeren Erscheinungsbild bleiben sollte, verdeutlicht die darauf folgende Sequenz, deren Umsetzung dem Autor Budd Boetticher bei der Premiere einen Wutausbruch bereitet haben soll: Eastwood rettet Shirley MacLaine durch eine Dynamitstange, die er ihr und ihrem Peiniger, der wegrennt, vor die Füße wirft. Seelenruhig und erst im letzten Augenblick entfernt er die Lunte. In dieser kleinen Szene steckt eine ganze Zeitenwende. Das in der Popkultur allgegenwärtige Image der *coolness* triumphiert über die Gesetze von Psychologie und narrativer Notwendigkeit. Die relative Gelassenheit Shirley MacLaines läßt ihre

TWO MULES FOR SISTER SARA: Clint Eastwood, Shirley MacLaine

Figur dabei nicht minder zeitgemäß erscheinen und verleiht ihr auch in einer passiven Situation noch eine Souveränität, die sie den Film über beständig zu steigern versteht.

Shirley MacLaine konnte im Jahr 1970 längst auf eine eigene Star-Ikonografie vertrauen, die ihre Produzenten bewußt für diesen Film einsetzen: Stets umgibt sie eine Aura erotischer Energie, die einer zierlichen, mädchenhaften Physis entspringt. Diese unwiderstehliche und für eine Nonne natürlich höchst ungewohnte Ausstrahlung verfehlt ihre Wirkung selbst dann nicht, wenn sie auf ein männliches Sexsymbol wie Eastwood trifft. Daß sie auf dem Set mit der gleichen ungezähmten Widerborstigkeit auftrat und sich etwa weigerte, vor einer Schlange zu erschrecken, mit der sie im heimischen Garten sehr gut fertig würde, ließ Regisseur Siegel vorübergehend das Handtuch werfen. Aber auch er zeigte sich schließlich eingefangen vom Charme seiner charismatischen Heldin.

Eine besondere Freiheit und Spielfreude prägt diesen Film: Es ist der Augenblick, in dem sich ein uramerikanisches Genre all seiner Mythen entledigt. Doch die vertriebenen ›Geister‹ sollten gerade in Eastwoods eigenen, finsteren Spätwestern erbarmungslos zurückkehren. Hier aber ging es um nichts anderes als das reine Vergnügen, und vielleicht wirkt deshalb TWO MULES FOR SISTER SARA heute nicht weniger befreiend als damals.

Annett Busch # DESPERATE CHARACTERS

Die Verzweiflung liegt im alltäglichen Ritual, in der Nicht-Betonung des Immergleichen, in der bürgerlich-privaten Abgeschottetheit, zwischen Abendessen, Party, Umziehen, Sex- und Erholungsversuchen, Frühstück und Arbeit. Sie beginnt mit dem innerlichen Abgeschlossen-Haben von Arbeit, Lieben, Beziehungen, Freundschaften und dem leidenschaftslosen Weiterführen derselben aus Angst vor den Konsequenzen der Veränderung, oder einfach nur aus Einfallslosigkeit. Frank D. Gilroy zeigt eine solche fast unsichtbare, zugleich aber klaustrophobische Verzweiflung zweier Individuen, einer Frau (Shirley MacLaine) und einem Mann (Kenneth Mars), die zusammen ein Ehepaar bilden.

Sophie und Otto glänzen durch Normalität und Zurückgenommenheit, sie als Hausfrau und er als Rechtsanwalt, beide Charaktere, denen Exaltiertheit zuwider und Häuslichkeit essentiell ist. Wir befinden uns in den siebziger Jahren, in Brooklyn, in einem Zeitrahmen von 48 Stunden und innerhalb der Koordinaten größtmöglicher Privatheit. Das politische, soziale, revoltierende Außen dieser Zeit findet allein in Andeutungen statt, in Gesprächen, in denen die Verhältnisse nicht etwa diskutiert werden, sondern man sich in Nebensätzen allenfalls abschätzig über drohenden Sittenverfall und ›Negerfreunde‹ äußert. So artikuliert sich auch Verzweiflung nur in Nebensätzen, hinterläßt Risse, wo emotionale Ausbrüche erwartet werden. Die Schauplätze reduziert Gilroy weitgehend auf Innenräume.

Shirley MacLaine verkörpert dezente Eleganz, Unscheinbarkeit und vielleicht auch Durchsichtigkeit. Sie spielt keine Frau, die ihren Ehemann haßt, auch keine, die sich selbst verwirklicht. In ihrer deprimierten, unsicheren Bravheit spiegeln sich vielmehr die Verzweiflung und die lächerlich wirkenden Befreiungsversuche ihrer intellektuellen Freunde. Sie befindet sich auf der halbherzigen Suche nach irgendwas, nach Fluchtmöglichkeiten, vielleicht Intensität. Das einzige, was ihr die ganze Zeit Schmerzen bereitet, ist ein Katzenbiß, von allen möglichen Leuten kommentiert, der für sie zum Mittel wird, um Aufmerksamkeit zu erlangen, die sie fast demütig zurückweist.

Letztendlich liegt in der nicht wahrgenommenen Verzweiflung die Tragik des Films, beziehungsweise die der filmischen Hauptperson. Auf einer Party begrüßt sie der Gastgeber mit den Worten, sie hätte ein Gesicht wie die schönen Mädchen aus den dreißiger Jahren – und dieser Versuch eines Kompliments wirkt wie eine Charakterisierung. Sie scheint in der Gegenwart noch nicht angekommen, in ihrem Gesichtsausdruck liegt etwas gleichsam naives wie esoterisches wie durchschnittliches.

Frank D. Gilroy ist ein weitgehend unbekannter, vielleicht auch unscheinbarer, unglamouröser Regisseur geblieben, und wenn man an die Darstellung von Verzweiflung und Ehehöllen aus

DESPERATE CHARACTERS: Shirley MacLaine

dieser Zeit denkt, wird man wohl immer zuerst John Cassavetes und Gena Rowlands nennen: FACES, HUSBANDS oder A WOMAN UNDER THE INFLUENCE.

Im Vergleich zu Cassavates erscheint Gilroy, von heute aus betrachtet, wie einer, der Angst vor seiner eigenen Konsequenz hatte, andererseits, wohl bewußt, das gegenteilige, subtilere Stilmittel wählte. Er hält respektvollen Abstand zu seinen Protagonistinnen und rückt so eher den Wahnsinn der Normalität als die Psychologisierung seiner Charaktere in den Vordergrund. Gleichzeitig bleiben die Abgründe und Hoffnungslosigkeiten seltsam leer und abstrakt, wohingegen Cassavetes ein beim Zuschauen beinahe physisches Verhältnis zur dargestellten Verzweiflung provoziert – und das schmerzt.

Diesen Vergleich als ein Vehikel zum Urteilen anzuführen wäre gleichermaßen verkürzt wie unstimmig: Was erzählt der Film heute noch von damals, jenseits des retrospektiven Blicks auf seine Hauptdarstellerin? Nichts spezifisches, doch dokumentiert er eine wohl zeitlose Angst vor sich verändernden Verhältnissen, die durch ihr Ausgeblendet-Werden in den Bereich des Diffusen rücken, so noch unfaßbarer werden und neue Angst- und Unsicherheitszustände hinterlassen. Und so spiegelt Gilroy, im Kino, ganz lapidar, ein Am-Leben-vorbei-Leben.

Jörg Schöning   # BEING THERE

»In einem Garten hat jedes Wachsen seine Zeiten. Erst kommen Frühling und Sommer, dann Herbst und Winter.« Macht man sich die schlichte Erkenntnis des bekanntlich leicht verhuschten Gärtners Mr. Chance zu eigen – und warum sollte man nicht, schließlich hört sogar der Präsident auf seinen Rat – und projiziert das vegetabile Welterklärungsmodell auf die Filme Shirley MacLaines, dann fällt es nicht schwer, in BEING THERE die kostbarste Blüte eines lang anhaltenden Karrieresommers zu erkennen.

Natürlich ist Hal Ashbys Satire um den sanft debilen Pflanzenfreund, der die wirkliche Welt bis zum Ableben seines Arbeitgebers nur aus dem Fernseher kannte, es in ihr aber dank gärtnerischer Platitüden bis zum Präsidentschaftsaspiranten bringt, in erster Linie Peter Sellers' Film und seine Darstellung dieser modernen Kaspar Hauser-Figur entsprechend gerühmt worden. Shirley MacLaines Part im ironischen Spiel geht jedoch weit über den einer Nebenrolle hinaus. Sie ist Katalysator aller Verwicklungen und Verkörperung eines gegensätzlichen Prinzips: Während Mr. Chance, diesem wandelnden Sedativum, alles Leben ausgetrieben ist, personifiziert Shirley MacLaine als Industriellengattin kommunikative Erotik: als das einzige vitale Wesen unter lauter hinfälligen Zombies.

Und doch treffen sich mit den beiden Seelenverwandte. Was er gewesen ist, ist auch sie: Bewohnerin eines – freilich vergoldeten – Gefängnisses. Eingeklemmt zwischen zwei Stoßstangen, ist für ihn die Bekanntschaft mit ihr der erste schmerzliche Kontakt mit der physischen Realität. Was ihm jetzt noch blüht, verrät schon ihr Name: Es ist Eves Bestimmung, des Trottels erste Frau und Verführerin abzugeben. Aber während er den idiotischen Charme des Neugeborenen ausströmt, ist ihr die patente Weltläufigkeit der an Luxus Gewöhnten zu eigen: ein philanthropischer Snobismus, der sie aus der dahingenuschelten Vorstellung »Chance, the gardener« einen von schnöder Erwerbstätigkeit befreiten »Chauncey Gardiner« machen läßt. Auch ihre Welt ist Vorstellung und Wille, auch sie ›zappt‹ sich ihr Gegenüber zurecht. Nur allzu bereit, sich von der Logik des Augenscheins angesichts seines maßgeschneiderten Altkleiderzwirns betören zu lassen und die somnambule Geistesabwesenheit als Souveränität zu deuten, zögert sie nicht, den am Bein Lädierten ins traute Heim zu verfrachten.

Mit noblem Aufschlag sprechen fortan ihre Augen vom traurigen Los einer Frau in den besten Jahren, deren Ehegespons selbige längst hinter sich gelassen hat. Aus dem nun beginnenden inneren Wettstreit zwischen Raison und Frivolität entsteht das spezifisch Laszive Shirley MacLaines: Es obsiegt die zunächst verschämt, dann immer unverhohlener zutage tretende erotische Faszination, der sie sich – nachdem sie erst einmal alle Anflüge mütterlicher Fürsorge abge-

BEING THERE: Peter Sellers, Shirley MacLaine

legt und das unausgesprochene Einverständnis des siechen Gatten eingeholt hat – wonnevoll hingeben kann.

Und das ist gründlich vorbereitet: Wir sehen eine Hyazinthe, die sich hier entblättert. Von Szene zu Szene wird ihre Kleidung luftiger, leichter – vom Pelzmantel, Kleid, Morgenüberwurf, »Kleinen Schwarzen« bis zum Negligé führt die Skala. »Ich schaue gern zu«, erklärt der mit Blindheit geschlagene Chance, der von alldem natürlich nichts mitgekriegt hat. Doch wenn sie schließlich, seine Vorliebe gründlich mißverstehend, vor ihm masturbiert, hingegossen auf ein Bärenfell, die klassische Pin-up-Pose improvisierend, steht die Libido gleichsam ebenso Kopf wie Chance bei seiner TV-geleiteten Yoga-Übung: Zu den Lauten der Lust tritt ein kurioses Bild des Jammers.

So sorgt Shirley MacLaine dafür, daß BEING THERE neben der politischen Parabel auch eine Liebesgeschichte zwischen Erwachsenen ist. Freilich eine, die zur postpubertären Romanze gerinnt, weil all ihre Avancen an der sexuellen Unzulänglichkeit des Mannes und seiner tumben Unerreichbarkeit abperlen, und die, weil Eve mit ihren Anstrengungen weit übers Ziel hinausschießt, komisch ist und aus dem gleichen Grund ergreifend.

»Manche Blumen gedeihen in der Sonne, andere brauchen Schatten«, lautet eine weitere profunde Einsicht des versponnenen Floristen. Im Schatten Peter Sellers' zu stehen, an den hier alles Kindische, das ihre Komik sonst ja auch auszeichnet, delegiert ist, hat Shirley MacLaine sichtlich gutgetan.

Silke Schütze   # TERMS OF ENDEARMENT

Als sie 1984 für TERMS OF ENDEARMENT den Oscar erhielt, sagte Shirley MacLaine nur vier Worte: »Den habe ich verdient!« Damit spielte sie nicht etwa auf fünf vorangegangene Nominierungen an, sondern auf die strapaziösen Dreharbeiten und die dabei entstandenen Spannungen mit Debra Winger. Diese machte ihr nicht nur vor der Kamera als ihrer Mutter in Haßliebe ergebene Tochter das Leben schwer. Pubertäre Streiche, körperliche Grobheiten oder der Schrei um professionellen Rat bei der großen Kollegin: Die Unausgeglichenheit ihrer Filmtochter stürzte Shirley MacLaine in ein wochenlanges, quälendes Wechselbad der Gefühle.

Als ob das Drehbuch, das Regisseur James L. Brooks für sein Kinodebüt nach Larry McMurtrys Roman geschrieben hatte, nicht schon genug Herausforderungen für die damals knapp fünfzigjährige Schauspielerin geboten hätte. Schließlich sollte die burschikose Komikerin eine dramatische Mutterrolle übernehmen: das Porträt einer widersprüchlichen Frau – in einer Geschichte, die fast dreißig Jahre umspannt. Eine aufregende Tour de Force für die Perfektionistin MacLaine, die in jeder Bewegung und Geste – mal auf Pfennigabsätzen, mal in Gesundheitsschuhen – das jeweilige Alter ihrer Rolle glaubhaft machen mußte. Einmal mehr in ihrer Karriere griff sie dabei auf die eiserne Disziplin zurück, die sie sich als Tänzerin in Jugendtagen erarbeitet hatte. Sie biß die Zähne zusammen, tat das, was der Job von ihr forderte – und machte ironisch und subtil nuanciert die Rolle der früh verwitweten Aurora Greenway zu einem Meilenstein ihrer Karriere.

Eigentlich handelt es sich bei TERMS OF ENDEARMENT um zwei Filme. Der erste schildert als Komödie die Beziehung zwischen Aurora und Tochter Emma. Daß die den bläßlichen Literaturdozenten Flap Horton (Jeff Daniels) heiratet und mit ihm das heimische Houston verläßt, trifft Übermutter Aurora hart. Für sie ist Flap ein Windei und damit hält sie auch nicht hinterm Berg. An Auroras Kaffeetisch im Kreise ihrer angegrauten Verehrer (darunter Danny DeVito in einer köstlich skurrilen Rolle), in unzähligen Telefonaten, selbst nach der Geburt ihres dritten Enkels: stets kriegt der laffe Flap sein Fett ab. Der familiäre Nervenkrieg entspannt sich erst, als Aurora nach fünfzehnjähriger Ränke mit ihrem Nachbarn, einem lebensfroh verlotterten Ex-Astronauten, eine Affäre beginnt. Mit charmant slapstickhafter Komik erobert der testosterongesteuerte Himmelsstürmer Aurora und beschert der Diplom-Verklemmten ungeahnte erotische Freuden.

Der zweite Film, die Tragödie, setzt ein, als bei Emma unheilbarer Krebs diagnostiziert wird. Trotz der dramatischen Wendung gelingt es Brooks, die beiden Teile des Films zu einer Einheit zu verschmelzen: Wenn der Zuschauer begreift, daß Emma tatsächlich sterben wird, ist er dankbar für jeden Moment, in dem er vorher lachen durfte. Im Augenblick der Krise läßt MacLaine jede affektierte Attitüde sausen und verleiht mit bewundernswertem Mut zur Häßlichkeit der Mutter-

TERMS OF ENDEARMENT: Jack Nicholson, Shirley MacLaine

figur berührende Ehrlichkeit. Dabei besticht ihr Schauspiel immer wieder durch physische Direkt-heit. In einer Einstellung fleht Aurora die Krankenschwestern um ein Schmerzmittel für Emma an. Sie umkreist den Schwesterntisch mit großen, schnellen Schritten, von der Kamera in einer fließenden Bewegung, fast wie in einem Tanzfilm, eingefangen, und wiederholt, gesteigert in Tempo und Lautstärke, ihre Bitte. Das Klinikpersonal verfolgt konsterniert diesen Auftritt, eine Schwester kommt endlich ihrer Aufforderung nach – und MacLaine erlaubt sich, die Szene mit einer bitteren Persiflage auf ihren Status als Musical-Star aufzulösen: Schweratmend sich verbeu-gend, dankt sie ihrem weißbekittelten Publikum. In diesem Moment ist sie, was diese großartige Schauspielerin in ihrem Herzen immer war und bleiben wird: eine Tänzerin. Mit TERMS OF ENDEAR-MENT hat sich Shirley MacLaine von ihrem bisherigen Image der Hure mit Herz aus IRMA LA DOUCE oder SWEET CHARITY verabschiedet und ist in den Olymp der Hollywood-Legenden aufgestiegen.

Heike Klapdor   # MADAME SOUSATZKA

Erinnerung, sprich: »In der erbärmlichen Wohnung in Prag, die meine Mutter nach 1923 mit ihrer Freundin Jewgenija Konstantinowa Hofeld teilte (...), lagen Alben, in die sie während der letzten Jahre ihre Lieblingsgedichte von Majkow bis Majakowskij abgeschrieben hatte, auf allen möglichen klapprigen, gebraucht erworbenen Möbelstücken herum. Ein Abguß der Hand meines Vaters und ein Aquarell seines Grabes auf dem russisch-orthodoxen Friedhof von Tegel (...) teilten sich ein Regal mit den Büchern von Exilschriftstellern, die sich in ihren billigen Pappeinbänden so leicht auflösten. Auf einer mit grünem Tuch bezogenen Seifenkiste standen in zerfallenden Rahmen die verblichenen kleinen Photographien, die sie neben ihrer Couch haben wollte. Eigentlich brauchte sie sie nicht, denn nichts war verloren. (...) Sie hatte alles bei sich, was in ihrer Seele verwahrt war.«

Untergegangen ist mit der Russischen Revolution 1917 die Alte Welt des europäischen 19. Jahrhunderts, untergegangen, aber nicht verloren, denn die russischen Emigranten aus Aristo- kratie und Bürgertum konservierten ihre Welt, in Berlin, Prag oder Paris, in New York und in London. Das Porträt seiner Mutter, das Vladimir Nabokov in seiner Autobiografie »Erinnerung, sprich« zeichnet, ist das Porträt einer europäischen Generation auf dem Hochseil – über politi- schen, sozialen und ökonomischen Abgründen mit erhobenem Haupt balancierend, mit einer Haltung, die ebenso anmutig ist wie erstarrt, ebenso gefährdet wie sicher.

Die Schauspielerin Shirley MacLaine gibt dieser Epochenfigur ein sprechendes Gesicht und eine anrührende Gestalt. Sie ist Irina Sousatzka, eine gealterte Klavierlehrerin, in New York als Tochter einer russischen Emigrantin aufgewachsen. Im Londoner Westend will sie ihren Schülern »nicht nur beibringen, wie man Kavier spielt, sondern wie man lebt«. Deswegen sucht sie auch die angemessene Kleidung aus, zeigt, wie man einer Dame den Arm bietet, belehrt über die richtige Weinfolge beim Essen und gibt ihrem Schüler Dostojewskijs »Schuld und Sühne« zu lesen. Mitten im ehemals bürgerlichen Stadtteil, dessen viktorianische Häuser verfallen und die Zug um Zug von Immobilienkretins aufgekauft und von Bauarbeitern abgerissen werden, verteidigt sie stoisch die Alte Welt gegen die verachtete Moderne. Hinter schweren Vorhängen, die das Licht der Stadt im Umbruch der siebziger Jahre abhalten, zelebriert sie die Atmosphäre kultivierten Lebens: In der Enge eines Stockwerks in einem schmalen, heruntergekommenen Reihenhaus drängen sich alte Bücher, Noten und vergilbte Fotografien, nehmen alte Möbel und Büsten dem Flügel in der Mitte fast den Raum. Kerzenlicht, in ungezählten Flammen verschwimmend, verleiht ihrem Geburts- tagsessen einen zauberhaften Glanz: die geschliffenen Gläser funkeln, das Tafelsilber scheint, und am Kopf der festlichen Tafel erstrahlt Irina Sousatzka wie eine russische Fürstin in all ihrem

MADAME SOUSATZKA: Shirley MacLaine

schweren Schmuck, in ihrer samtenen Garderobe und mit ihrem sorgsam hergerichteten, stolzen Gesicht. »Sie scheint die Welt nicht zu kennen.« Das stimmt nicht. Irina Sousatzka kennt die Welt, nimmt die Gegenwart, die Wirklichkeit wahr. So wie sie unerbittlich in den Spiegel sehen kann und dem, was sie sieht, nicht ausweicht. Aber sie läßt sich davon nicht irritieren, von der Welt um sie herum ebenso wenig wie von den unleugbar harten Zeichen ihres Alters.

Die Geschichte der in Londoner Musikkreisen berühmten und gefürchteten russischen Klavierlehrerin Irina Sousatzka wird in einem Gefüge vielfacher Parallelhandlungen, Rückblenden und Leitmotive erzählt. Hinter dieser Dramaturgie steht die Vision vom Untergang des British Empire, aber sie bleibt ein melancholisches Bild und wird nicht eigentlich zur sozialkritischen Studie. Und so ist MADAME SOUSATZKA natürlich ein melodramatischer Film. Daß der Film darin aber nicht aufgeht, ist das Verdienst seiner Hauptdarstellerin. Irina Sousatzka ist in der Gestaltung durch Shirley MacLaine kein Pastiche des 19. Jahrhunderts, keine nostalgische Reminiszenz, aber auch keine Karikatur. Irina Sousatzka ist eine vitale, zerbrechliche, beherrschte und leidenschaftliche, anrührende Frau, eine Außenseiterin, einsam, stark, zart, ernst, wild, ausgeliefert an die Tradition und in ihr souverän. Shirley MacLaine macht die Geschichte, von der Irina Sousatzka geprägt ist, in deren Gegenwart präsent, sie legt wie Spitzenwerk, das die russische Dame trägt und das den Blick aus dem Fenster verstellt, das Muster des Alten über die Gegenwart und läßt es zugleich im Jetzt immer durchscheinen. Ihr Spiel ist so akkurat und so fein, so edel und so zart, ganz Zusammenhang – wie ein Stück kostbarer alte Spitze.

Marli Feldvoß # POSTCARDS
FROM THE EDGE

Eigentlich ist es die Geschichte einer Tochter, die das Erbe ihrer Mutter und damit
eine erfolgreiche, aber jetzt absturzgefährdete Karriere als Schauspielerin angetreten hat. Nur, in
der Krise stecken beide. Zwischen ihnen liegt zwar eine Generation, aber Suzanne (Meryl Streep)
hat mit Ende Dreißig das Alter erreicht, in dem das Gleichgewicht abnimmt und die narzißtische
Selbsthinterfragung, aber auch die Kränkungen zunehmen. Suzanne kämpft mit Drogen gegen
das schwindende Selbstgefühl, ihre Mutter, Ex-Musical-Star Doris (Shirley MacLaine), bevorzugt
den Alkohol. Shirley MacLaine hat bekanntermaßen im Film wie im wirklichen Leben schon
mehrere solcher Hürden erfolgreich genommen; sie selbst wird zur Folie ihrer Figur, wenn auch
Drehbuchautorin Carrie Fisher, Tochter von Debbie Reynolds und Eddie Fisher, mit dem voran-
gegangenen Roman ursprünglich ihre ganz persönliche Familien-Abrechnung vorgelegt hatte.

Daß auch Meryl Streep sich in den letzten Jahren stets um neue Rollenbilder bemüht hat, sieht
man ihren sehr unterschiedlichen Filmen an. Mutter und Tochter sind also nicht nur im Film zwei
Seiten einer Medaille. Das Duo ist gleichstark besetzt, nur unfairerweise verschafft sich die Mutter
alias Shirley MacLaine oft mit unfairen Methoden den Vortritt. Sie hat einfach den längeren Atem.
Das fängt mit ihrer rabiaten Eloquenz und dem verteidigten Grundrecht auf den größten Leidens-
druck an und hört mit dem souveränen Spiel auf der Klaviatur ihrer verschiedenen Lebensalter
auf. Gnadenloses Konkurrenzverhalten. Aber wenn sie dann selbstbewußt den Rock hochschlägt
und ihre tadellosen Beine vorführt – um sie bewundern zu lassen –, dann ist das mehr als nur Sex-
Appeal: es ist schon Zitat, Selbstironie – auch Selbsterkenntnis. Da scheint auch das eigentliche
Thema des Films, die schwierige Gratwanderung des Schauspielers, der bedrohliche Grenzverlust
zwischen Sein und Schein, überwunden. Bei aller Schrägheit ist diese Doris eine brillante Alters-
rolle für die Starkomikerin; Shirley hat die Grenzen längst gezogen, innerlich.

Shirley MacLaine nutzt den Altersvorteil und führt drei Lebensbilder vor. Bild Nummer eins: der
abgetakelte Star. Nicht ohne Stolz präsentiert sich der Ex-Star als Tuntenidol und läßt sich nicht
lange bitten, ausgerechnet auf der Welcome-Party für ihre gerade aus der Rehabilitationsklinik
entlassene Tochter ein Lied zum Besten zu geben. Schon schmettert sie – eine Frau ganz in Rot
bis in die Haarspitzen – nicht irgendein Evergreen, sondern: »I'm Still Here!« Alles, was sie singt,
ist gelebt: gute Zeiten, schlechte Zeiten, transzendente Zeiten. Sie ist auf höchst lebendige Weise
»hier« und läßt die alten »Life«-Titel hinter Glas an der Wand verstauben; Rettichkopf, Charity,
vorbei – das war vor fünfunddreißig Jahren.

Bild Nummer zwei: die Alkoholikerin. Sie könne damit umgehen, behauptet sie, und hält die
Flasche schon in der Hand. Aber wenn sie eine Nacht lang durchgewacht und getrunken hat, ist

POSTCARDS FROM THE EDGE: Meryl Streep, Shirley MacLaine

sie nur noch ein Wrack. Sie hütet ihre erwachsene Tochter während der Dreharbeiten, weil es die Filmversicherung so verlangt. Aber die Wiedergutmachungsaktion für das einst vernachlässigte Kind wird zu einer Zeit der Abrechnung, und die Frau, die es haßt, die Fassung zu verlieren und mit festem Griff nur das Whiskeyglas unter Kontrolle hält, droht zu kentern.

Bild Nummer drei: die Mutter. Doris nach dem Autounfall im Krankenhaus: ohne Augenbrauen, ohne Make-up, ohne Perücke. Doris in der Demaskierung – endlich ein Mensch, endlich Mutter? Ist das nackte auch das wahre Gesicht? Ist der Augenblick, wenn sie ihre Eifersucht auf den Erfolg ihrer Tochter gesteht, der Augenblick der Wahrheit? Die Seelenschau? Nein und nochmals nein! In dieser gebrochenen Figur ist zum ersten Mal tatsächlich der Einklang zwischen Bild und Selbstbild gestört. Deshalb gibt ihr der Film schnell ihr vitales Bild zurück und damit die motorische und künstlerische Energie, die in diesem trainierten Körper steckt. Das ist seine Substanz. Deshalb gehört das Finale eigentlich Doris alias Shirley MacLaine, der Mutter, die voller Stolz ihrer Tochter zuschauen kann, die aber selber immer Star bleiben wird.

Shirley MacLaine, um 1980

Shirley MacLaine, um 1980

SWEET CHARITY: John McMartin, Shirley MacLaine

Gabriele Jatho   # Biografie

Die Dreharbeiten zu John Schlesingers Film MADAME SOUSATZKA sind gerade beendet. Es ist ein typisch englischer Regentag. Eine Gruppe junger Männer und Frauen sitzt behaglich beieinander, um ihr Dinner zu genießen. Unter ihnen ein Mann in einem Rollstuhl. Es geht lebhaft zu. Es wird gelacht und gescherzt. Am Eingang des Restaurants entsteht eine leichte Unruhe. Der Oberkellner begleitet eine rothaarige Dame an den Tisch. Sie trägt einen Kunstpelzmantel. Als sie näher kommt, wenden sich ihr alle Köpfe zu. Sie wirkt jung, viel jünger, als sie in Wirklichkeit ist. Sie tritt auf den Mann im Rollstuhl zu. Sie ist ein bißchen befangen. Sie sagt: »Hallo, ich freue mich sehr, Sie kennenzulernen, Professor Hawking. Ich bin Shirley MacLaine.«

Die Begegnung zwischen dem britischen Mathematiker und Physiker Stephen Hawking und der amerikanischen Filmschauspielerin und Buchautorin findet in der Universitätsstadt Cambridge statt. Der Hollywoodstar trifft den ›Master of the Universe‹ – aus persönlichem Interesse: Shirley MacLaine beschäftigt sich seit Jahren mit metaphysischen Themen, hat neben ihren autobiografischen Büchern Berichte über ihre spirituellen Erfahrungen veröffentlicht und Seminare über Meditation und bewußtseinserweiternde Techniken geleitet. Ihr Interesse ist das einer Suchenden, einer skeptisch Suchenden, die übersinnliche Phänomene immer wieder kritisch einer empirisch-erfahrbaren Welt gegenüberstellt. In der Dokumentation A BRIEF HISTORY OF TIME (1991, Regie: Errol Morris) sehen wir den Wissenschaftler in seinem Büro, vor ihm, an der Innenseite der Tür, hängt ein Milton H. Green-Porträt von Marilyn Monroe.

Shirley MacLaine wird von Anfang an als *girl next door* gehandelt und nicht als *femme fatale*. Sie ist – glaubt man der zeitgenössischen Presse – eine »Anti-Monroe«, blauäugig, rothaarig und mit einer Stupsnase voller Sommersprossen, ein reizender Kobold, ein charmanter Clown mit Lausbubenflair. Niemand habe je versucht, ihr Image zu ändern, behauptet Shirley MacLaine. Kein Studioboß habe je daran gedacht, sie zu einer *sex goddess* zu stilisieren, man könne eben nicht »cheese out of chalk« machen.

Shirley MacLaine wird am 24. April 1934 in Richmond, Virginia, im konservativen Süden der Vereinigten Staaten, geboren; drei Jahre später, am 30. März 1937, ihr Bruder Warren Beatty. Die Eltern: Ira Owens Beaty und Kathlyn Corinne MacLean. Er unterrichtet Psychologie und Philosophie, sie gibt Dramaturgie-Kurse. Er spielt Geige, sie tritt in kleinen Theaterproduktionen auf. Beide gehören sie der Baptisten-Gemeinde an. Mit etwa drei Jahren beginnt Shirley MacLaine aus therapeutischen Gründen eine Ballettausbildung. Das Tanzen macht ihr Spaß. Als die Familie nach Arlington in Virginia umzieht, geht sie weiterhin zum Ballettunterricht in Washington, D.C. Das bedeutet anderthalb Stunden Fahrzeit hin und zurück, von montags bis freitags, jeden Nach-

Shirley MacLaine, Berlin 1960

mittag nach dem Besuch der Lee High School. Bis sie siebzehn ist, besucht Shirley MacLaine die renommierte Washington School of the Ballet. Während dieser Zeit tritt sie in Schülervorstellungen auf, unter anderem in der Constitution Hall in Washington, begleitet vom National Symphony Orchestra.

Shirley MacLaine geht nach New York City, wird Chorus-Girl in der Wiederaufführung des Musicals »Oklahoma!« im City Center Theater und kehrt nach Arlington zurück, wo sie die High School beendet. Im Juni 1952 ist sie wieder in New York, ergattert einen Job als Choristin, diesmal im St. John Terrell Music Circus in Lambertsville, New Jersey. Sie arbeitet für eine Trade Show, wirbt mit Pirouetten à la »Schwanensee« für Kühlschränke der Firma »Servel Ice Box«. Wieder zurück in Manhattan, gelingt es ihr, für die Rodgers und Hammerstein II.-Produktion von »Me and Juliet« engagiert zu werden, die am 28. Mai 1953 im Majestic Theater Premiere hat. Ein Jahr später, ein paar Tage nach der Premiere des Musicals »Pajama Game« im St. James Theater, bricht sich der Star des Musicals, Carol Haney, den Knöchel; Shirley MacLaine – als Chorusgirl und zweite Besetzung engagiert – muß einspringen – und hat Erfolg. Der Filmproduzent Hal B. Wallis sieht sie in einer der Vorstellungen und nimmt sie unter Vertrag. Zwei Monate später, der Knöchel ist längst geheilt, fällt Carol Haney wieder aus – Kehlkopfentzündung: In dieser Nacht sitzt ein Mitarbeiter von Alfred Hitchcock im Publikum, der Regisseur sucht eine Darstellerin für sein neues Filmprojekt: Shirley MacLaine gefällt und bekommt ihre erste Filmrolle – die aparte junge Witwe Jennifer in THE TROUBLE WITH HARRY.

Am 17. September 1954, einen Tag bevor sie zu den Außenaufnahmen nach Barre, Vermont, abreisen soll, heiratet sie Steve (i.e. William T.) Parker, einen 34jährigen Schauspieler und Off-Broadway-Regisseur. Sie kennen sich seit »Me and Juliet«. Eine außergewöhnliche Partnerschaft etabliert sich, die immer wieder zum Gesprächsstoff für Klatschkolumnisten in den USA und Europa wird und trotz aller Prophezeiungen bis 1983 dauert. Steve Parker versucht, parallel zur Karriere seiner Frau eine eigene als Produzent in Japan aufzubauen. So führen die beiden eine Ehe »all the way across the Pacific«.

Nachdem sie in der Hal B. Wallis-Produktion ARTISTS AND MODELS unter der Regie von Frank Tashlin – nach ihren eigenen Worten – nur diejenige gespielt hat, die treppauf-treppab in einem gelben Badeanzug hinter Dean Martin und Jerry Lewis herjagt, übernimmt Shirley MacLaine – wiederum nach eigenem Bekunden – die Rolle der indischen Prinzessin in Michael Andersons AROUND THE WORLD IN 80 DAYS nur, weil auch in Japan gedreht wird. Am 1. September 1956 wird die Tochter Stephanie Sachiko Parker geboren, genannt Sachie – glückliches Kind.

Am 28. November 1956 beginnen die Voraufführungen für das Broadway-Musical »The Sleeping Princess« im Huttington Hartford Theater. Shirley MacLaine spielt jene Rolle, die Marilyn Monroe ein Jahr später in der Verfilmung THE PRINCE AND THE SHOWGIRL übernehmen wird. In rascher Folge dreht sie anschließend drei Filme, die alle 1958 dem Publikum vorgestellt werden: THE SHEEPMAN, THE MATCHMAKER und HOT SPELL. Dann spielt sie unter der Regie von Vincente Minnelli in dem Film, der ihr die erste ›Oscar‹-Nominierung einbringen wird: SOME CAME RUNNING. Shirley MacLaine ist Ginny Moorhead, das niedlich-naive Mädchen, zu dem Frank Sinatra sagt: »You haven't got enough sense to come in out of the rain unless someone holds your hand.« Den Academy Award erhält jedoch Susan Hayward für ihre Rolle in I WANT TO LIVE. Im Sommer 1959

Shirley MacLaine, um 1960

Shirley MacLaine, um 1960

wird Shirley MacLaine auf den Internationalen Filmfestspielen in Berlin mit dem Silbernen Bären für ihre Darstellung der Meg Wheeler in ASK ANY GIRL ausgezeichnet.

Nach CAREER, der Verfilmung eines Off-Broadway-Erfolgs, in dem sie eine versoffene Produzententochter spielt, beginnen die Dreharbeiten zu CAN-CAN. Als besonderer Publicity-Thrill besucht der sowjetische Premier Chruschtschow die Twentieth Century-Fox Studios. »Shirley Is the Greatest!« – davon ist Frank Sinatra überzeugt und widmet ihr einen Text in »This Week Magazine« im Februar 1960. Die zweite ›Oscar‹-Nominierung erhält Shirley MacLaine für ihre rührende Darstellung des Lift-Girls Fran Kubelik in Billy Wilders THE APARTMENT. Der Film wird zu einem großen persönlichen Erfolg: sie wird von der Britischen Filmakademie und auf den Filmfestspielen in Venedig ausgezeichnet – doch Elizabeth Taylor wird für ihre Gestaltung eines Callgirls in BUTTERFIELD 8 den ›Oscar‹ erhalten. Die sechziger Jahre werden zu einem ersten Höhepunkt von Shirley MacLaines Karriere. Attraktive Rollen werden ihr angeboten, darunter, an der Seite von Audrey Hepburn, die einer sensiblen, ›unnatürlichen‹ Lehrerin in THE CHILDREN'S HOUR, William Wylers Remake seines eigenen Films. In einer weiteren Lehrerinnenrolle ist sie im Sommer 1961 mit TWO LOVES auf den Internationalen Filmfestspielen in Berlin vertreten. 1962 spielt sie unter der Regie von Robert Wise die Tänzerin Gittel Mosca, ein verlorenes und doch patentes Mädchen aus dem Village, das Robert Mitchum wohl bezaubert, aber nicht gewinnt: TWO FOR THE SEESAW. Und dann ihre Paraderolle, die wie keine andere mit ihrem Namen verknüpft ist: IRMA LA DOUCE, Regie: wieder Billy Wilder. Dritte ›Oscar‹-Nominierung. Diesmal gewinnt Patricia Neal die Auszeichnung für ihre Darstellung in dem Film HUD. Dazwischen hat sie einen Cameo-Auftritt in OCEAN'S ELEVEN, in dem ihre Freunde Frank Sinatra, Dean Martin und Sammy Davis, Jr. – »the Clan – not the ›Rat Pack‹« – versuchen, Las Vegas unter ihre Kontrolle zu bekommen. In ALL IN A NIGHT'S WORK, einer Hal B. Wallis-Produktion, ist sie wieder ihrem Image gemäß als das »carrottop pixie stereotype« besetzt. 1962 filmt sie unter der Produktionsleitung ihres Mannes in Japan: MY GEISHA. Die Produktionsfirma heißt wie ihre mittlerweile sechsjährige Tochter – Sachiko.

Ein Rechtsstreit bahnt sich an zwischen Shirley MacLaine und Hal B. Wallis. Der zwischen beiden im Juni 1954 für fünf Jahre geschlossene Vertrag verlängert sich wegen anderer Projekte, für die sie der Produzent beurlaubte und auslieh, bereits auf neun Jahre. Die Klauseln des Vertrages waren nurmehr für den Produzenten finanziell attraktiv. Man einigt sich mit einem außergerichtlichen Vergleich: für 150.000 Dollar wird Shirley MacLaine aus dem Vertrag entlassen. Aufgrund dieser Auseinandersetzungen platzt ein anderer Vertrag, den sie bereits bei Metro-Goldwyn-Mayer unterschrieben hatte: THE UNSINKABLE MOLLY BROWN wird mit Debbie Reynolds in der Hauptrolle verfilmt. Andere Projekte werden realisiert: WHAT A WAY TO GO!, in der sie in über siebzig verschiedenen von Edith Head entworfenen Kostümen zu sehen ist. In der britischen Produktion THE YELLOW ROLLS-ROYCE spielt sie in einer Episode mit und übernimmt in der amerikanisch-französisch-italienischen Ko-Produktion WOMAN TIMES SEVEN sieben verschiedene Rollen, die ihre Wandlungsfähigkeit unter Beweis stellen. Dazwischen wieder eine Produktion mit ihrem Mann Steve Parker: JOHN GOLDFARB, PLEASE COME HOME! Und 1968 »another hooker«: das Filmmusical SWEET CHARITY, inszeniert von Bob Fosse. Der Song »If They Could See Me Now« wird bei ihrer Mitte der siebziger Jahre neu gestarteten Bühnenkarriere als Entertainerin zu ihrem Markenzeichen werden.

Shirley MacLaine, um 1960

Shirley MacLaine, um 1960

Im Sommer 1971 ist sie wieder zu Gast bei den Internationalen Filmfestspielen in Berlin. Für ihre Sophie in Frank D. Gilroys Film DESPERATE CHARACTERS wird Shirley MacLaine mit dem Silbernen Bären ausgezeichnet, der ex aequo an Simone Signoret geht, für deren Rolle in LE CHAT. Mit dem britischen Produzenten Sir Lew Grade hat sie einen Vertrag über zwei Spielfilme und eine siebzehnteilige Fernsehserie abgeschlossen: SHIRLEY'S WORLD. Die Serie floppt.

Im Frühjahr 1973 reist sie in die Volksrepublik China, dreht dort zusammen mit Claudia Weill die Filmdokumentation THE OTHER HALF OF THE SKY: A CHINA MEMOIR, die für den ›Oscar‹ nominiert wird. Sie schreibt an einem Drehbuch über die amerikanische Flugpionierin Amelia Earhart, will die Hauptrolle übernehmen und den Film auch produzieren. Die Presse kündigte den Drehbeginn für Herbst 1974 an.

1970 erscheint ihr erstes Buch »Don't Fall Off the Mountain«, in dem sie über ihr Leben, ihre Arbeit, ihre politischen Aktivitäten und auch über ihre vielen Reisen berichtet. 1995 veröffentlicht sie ihr bislang letztes Buch »My Lucky Stars. A Hollywood Memoir«, ein Resümee ihrer vierzigjährigen Bühnen- und Filmkarriere. In der Zwischenzeit entstehen sechs weitere Bücher: Sie schreibt über ihre Dreharbeiten und ihren Aufenthalt in China, berichtet über ihre spirituellen Erfahrungen und ihre Familie, verfilmt in einer zweiteiligen Fernsehserie ihr Buch »Out on a Limb«, deren Dreharbeiten sie wiederum in ihrer Veröffentlichung »It's All in the Playing« dokumentiert.

Wiederholt hat sie sich politisch engagiert, gegen Hinrichtungen und Rassismus protestiert, sich bei Wahlkampagnen für Robert Kennedy, George McGovern und Jimmy Carter eingesetzt. Für die Rechte der Frauen hat sie zusammen mit der Kongreßabgeordneten und Feministin Bella Abzug gestritten, war Abgeordnete für Kalifornien beim Demokratischen National Convent 1968 in Chicago, sprach als erste Frau seit 137 Jahren vor dem ehrwürdigen National Democratic Club in New York. Sie reiste nach Indien, in den Fernen Osten, den Himalaya, nach Tibet und in die Anden. Sie besuchte Osteuropa und Afrika.

In den siebziger Jahren startet sie – vierzigjährig – eine neue Karriere als Showstar. Ihre Personality-Shows, mit denen sie auch auf Europa-Tournee geht, haben großen Erfolg: »If They Could See Me Now«, »Gypsy in my Soul« und »Illusions«. Erst 1977 steigt Shirley MacLaine wieder ins Filmgeschäft ein und dreht unter der Regie von Herbert Ross und an der Seite von Anne Bancroft den Film THE TURNING POINT, in dem sie eine Frau in ›mittleren Jahren‹ spielt, die das Balletttanzen zugunsten der Familie aufgegeben hat: ›Oscar‹-Nominierung Nummer fünf. An der Seite von Peter Sellers ist sie dann zwei Jahre später als verführerische reife Frau in BEING THERE zu sehen.

1984 ist es dann soweit: wenige Tage vor ihrem fünfzigsten Geburtstag erhält sie für ihre Gestaltung der Witwe und resoluten Mutter Aurora Greenway in TERMS OF ENDEARMENT einen Academy Award. Zwölf Jahre später wird die Fortsetzung gedreht: THE EVENING STAR. 1988 spielt sie die Titelrolle in John Schlesingers MADAME SOUSATZKA und wird für die Darstellung einer russisch-stämmigen Klavierlehrerin auf den Filmfestspielen in Venedig ausgezeichnet. Im Februar 1990 ist sie wieder mit einem Festivalbeitrag, in dem sie eine kauzige Alte spielt, in Berlin vertreten: Herbert Ross' STEEL MAGNOLIAS. In WAITING FOR THE LIGHT spielt sie eine Magierin mit feuerrotem Haar, einen ehemaligen Varieté-Star, der als Tante Zena den Kindern ihrer Nichte eine

Shirley MacLaine, Berlin 1960

Shirley MacLaine, Berlin 1960

etwas unkonventionellere Sicht auf die Dinge des Lebens vermittelt. In POSTCARDS FROM THE EDGE, der Verfilmung von Carrie Fishers autobiografischem Hollywood-Roman, verkörpert sie eine alkoholabhängige Schauspielerin. Als Vorbild für die Rolle der alternden Diva diente Carrie Fishers Mutter Debbie Reynolds. In der Reinkarnations-Komödie DEFENDING YOUR LIFE ist eine kleine Hommage an Shirley MacLaine versteckt: sie tritt im »Pavillion vergangener Leben« auf. Der Film USED PEOPLE der britischen Regisseurin Beeban Kidron, eine wehmütige Liebesgeschichte, in der Marcello Mastroianni ihr Partner ist, wird im Februar 1993 dem Festivalpublikum der Berlinale vorgestellt. In den neunziger Jahren ist die Schauspielerin in zwei Hauptrollen zu sehen. In GUARDING TESS spielt sie an der Seite von Nicolas Cage eine ehemalige First Lady und in MRS. WINTERBOURNE ein ehemaliges Show-Girl.

Shirley MacLaine hat nie Schauspielunterricht genommen. Sie hat – wie sie schreibt – sich ihre Rollen immer wie eine Tänzerin erarbeitet, von außen nach innen: »Wenn ich weiß, wie eine Person sich bewegt, dann weiß ich, wie sie empfindet.« Nach über vierzig Jahren im Showgeschäft – als Tänzerin, Schauspielerin und Entertainerin – gibt sie nun mit dem Film BRUNO ihr Debüt als Spielfilmregisseurin.

Als im August 1996 das Telluride Film Festival in Colorado eine kleine Werkschau ihrer Filme veranstaltet, kommt es bei der ersten Filmvorführung zu einer Panne. Die Leinwand bleibt stumm. Shirley MacLaine meldet sich aus dem Publikum: »Let's see, I should be able to remember those lines. I can remember three thousand years ago, after all.«

Shirley MacLaine, Berlin 1960

THE TROUBLE WITH HARRY: Royal Dano, Shirley MacLaine

Filmografie

Gabriele Jatho

THE TROUBLE WITH HARRY. Immer Ärger mit Harry. – USA 1955. – Regie: Alfred Hitchcock. – Buch: John Michael Hayes (nach dem gleichnamigen Roman von Jack Trevor Story). – Kamera: Robert Burks. – Schnitt: Alma Macrorie. – Musik: Bernard Herrmann. – Song: Flaggin' the Train to Tuscaloosa. – Bauten: Hal Pereira, John Goodman. – Ausstattung: Sam Comer, Emile Kuri. – Produktion: Alfred Hitchcock Productions für Paramount Pictures. – Produzent: Alfred Hitchcock. – Länge: 99 M. – Technicolor, VistaVision. – Premiere New York: 17.10.1955, Paris. – Release: Januar 1956. – Deutsche Erstaufführung: 17.8.1956, in vielen Städten der BR Deutschland. – Darsteller: Edmund Gwenn, John Forsythe, Shirley MacLaine, Mildred Natwick, Mildred Dunnock, Jerry Mathers, Royal Dano, Parker Fennelly, Barry Macollum, Dwight Marfield. – Illustrierte Film-Bühne: Nr. 3282.

Harry ist eine Leiche, eine Leiche von vornherein, und wird als solche in einem wunderschönen, gelbrot flammenden Herbstwald gefunden. Wie von einem glücklichen Menschen zum eigenen Vergnügen und mit Pastellfarben gemalt wirkt die kleine Lichtung, die Hügelkette am Horizont, die prächtige Allee – eine sonntägliche Landschaft, weit ab von jeglichem Lärm. Und hier ausgerechnet passiert der Ärger mit der Leiche: von vier leicht spleenigen Leuten (Edmund Gwenn, John Forsythe, Mildred Natwick und, sehr apart, Shirley MacLaine) glauben drei, Harry umgebracht zu haben. Welch witziger Gegensatz zwischen der liebenswertesten aller Dekorationen, der friedlich-freundlichen Natur, und der komischen Gruselei des Inhalts! Harry freilich, der tote Störenfried, ist keineswegs grauslig: tadellos erhalten, wenn auch mit zierlichem Blutgerinnsel am Kopf, liegt er da, ein fast fröhliches Requisit in einem fast fröhlichen Film. (Anonym, Süddeutsche Zeitung, 17.8.1956)

ARTISTS AND MODELS. Maler und Mädchen. – USA 1955. – Regie: Frank Tashlin. – Buch: Frank Tashlin, Hal Kanter, Herbert Baker. – Adaption: Don McGuire (nach dem Theaterstück »Rockabye Baby« von Michael Davidson, Norman Lessing). – Kamera: Daniel L. Fapp. – Spezial-Effekte: John P. Fulton, Farciot Edouard. – Schnitt: Warren Low. – Musik: Walter Scharf. – Choreographie: Charles O'Curran. – Bauten: Hal Pereira, Tambi Larsen. – Ausstattung: Sam Comer, Arthur Krams. – Produktion: Hal B. Wallis Production für Paramount Pictures. – Produzent: Hal B. Wallis. – Länge: 109 M. – Technicolor, VistaVison. – Premiere New York: 21.12.1955, Paramount. – Release: Januar 1956. – Deutsche Erstaufführung: 5.10.1956, Berlin, Kurbel, und in mehreren Theatern in Hamburg. – Darsteller: Dean Martin, Jerry Lewis, Shirley MacLaine, Dorothy Malone, Eddie Mayehoff, Eva Gabor, Anita Ekberg. – Illustrierte Film-Bühne: Nr. 3441.

Dean Martin und Jerry Lewis sind bezaubernde Schelme. Der eine malt und der andere träumt von Kinderbüchern, die er schreiben will. Unter den vielen, reizenden Mädchen, Modellen und Mannequins, fiel der Kobold Shirley MacLaine durch groteske Anmut auf. (-ser., Hamburger Anzeiger, 6.10.1956)

AROUND THE WORLD IN 80 DAYS. In 80 Tagen um die Welt. – USA 1956. – Regie: Michael Anderson. – Buch: S.J. Perelman (nach dem gleichnamigen Roman von Jules Verne). – Kamera: Lionel Lindon; Kevin McClory (Aufnahmen in Paris und Asien). – Schnitt: Gene Ruggiero, Paul Weatherwax. – Musik: Victor Young. – Bauten: James Sullivan, Ken Adams. – Produktion: Michael Todd Productions für United Artists. – Produzent: Michael Todd. – Länge: 175 M. – Eastmancolor, Todd-AO. – Premiere New York: 17.10.1956, Rivoli. – Release: November 1956. – Deutsche Erstaufführung: 4.10.1957, Düsseldorf, Capitol. – Erzähler: Edward R. Murrow. – Darsteller: David Niven, Cantinflas, Robert Newton, Shirley MacLaine und 42 andere weltberühmte Stars, darunter: Charles Boyer, Martine Carol, Noël Coward, Marlene Dietrich, Fernandel, Buster Keaton, Peter Lorre. – Illustrierte Film-Bühne: Nr. 3920.

Der Inhalt des Jules Verne-Films ist in aller Welt bekannt. Es ist die berühmte Geschichte des englischen Reisenden Sir Phileas Fogg, der mit seinem Kammerdiener Passepartout wettet, daß er in achtzig Tagen eine Reise um die Welt machen könne, und der nach zahllosen Abenteuern, verfolgt von einem Scotland Yard-Detektiv, Mr. Fix, der ihn versehentlich für einen Bankräuber hält, atemlos knapp vor Ablauf der Wettfrist wieder in seinem Klub eintrifft. Todd hat aus diesem Film ein phantastisches Bilderbuch gemacht (...). Der Zuschauer sitzt (...) wie in einem Märchentraum.

Dazu kommt, daß Todd für diesen Film eine Anzahl großartiger Schauspieler zur Verfügung hat – so David Niven für den abenteuernden Phileas Fogg und keinen anderen als den mexikanischen Chaplin Cantinflas für dessen Kammerdiener, sowie Robert Newton als Mr. Fix und Shirley MacLaine als die indische Prinzessin Aouda, die Fogg vor dem Scheiterhaufen der Witwenverbrennung rettet – und über 50 Episodenspieler, die alle Stars sind. (Anonym, Stuttgarter Zeitung, 25.10.1956)

THE SHEEPMAN. In Colorado ist der Teufel los / Colorado City. – USA 1958. – Regie: George Marshall. – Buch: William Bowers, James Edward Grant (nach einer Story von James Edward Grant). – Adaption: William Roberts. – Kamera: Robert Bronner. – Schnitt: Ralph Winters. – Musik: Jeff Alexander. – Bauten: Williams A. Horning, Malcolm Brown. – Ausstattung: Henry Grace, Hugh Hunt. – Produktion: Edmund Grainger Production für Metro-Goldwyn-Mayer. – Produzent: Edmund Grainger. – Länge: 85 M. – Metrocolor, CinemaScope. – Premiere New York: 7.5.1958, Capitol. – Release: Mai 1958. – Deutsche Erstaufführung: 10.10.1958, Hannover, Roxy-Theater. – Darsteller: Glenn Ford, Shirley MacLaine, Leslie Nielsen, Mickey Shaughnessy, Edgar Buchanan, Willis Bouchey. – Illustrierte Film-Bühne: Nr. 4509.

Gar so toll, wie der deutsche Titel klingt, geht es eigentlich nicht zu, im Original heißt der Film »Der Schäfer«. Ein Schafzüchter, der außerdem noch »Lieblich« heißt, erregt das Mißfallen der Rindvieh züchtenden Wildwestpioniere, und so tut man ihm allerlei Schikane an. Niemand weiß, daß er nur deswegen die verachteten Wollträger züchtet, um die Macht eines Mannes zu brechen, der sich von eigenen Gnaden zum Obersten machte und unter der Hand das gesamte Land aufkaufte unter dem Deckmantel einer Rinderzuchtvereinigung. Nebenbei war er früher Bankräuber und hat einiges auf dem Kerbholz. Alles geht für einen Wildwester verhältnismäßig friedlich zu. Man ficht mehr mit List als mit Pistolen, manchmal sogar mit Humor. Glenn Ford trägt bewährte Gelassenheit mit leicht ergrautem Charme und hat in Shirley MacLaine eine bezaubernd liebreizende Partnerin, ein wenig kapriziös, aber herzhaft. (-ers, Rheinische Post, Düsseldorf, 5.11.1958)

HOT SPELL. Hitzewelle. – USA 1958. – Regie: Daniel Mann. – Buch: James Poe (nach dem Theaterstück »Next of Kin« von Lonnie Coleman). – Kamera: Loyal Griggs. – Schnitt: Warren Low. – Musik: Alex North. – Bauten: Hal Pereira, Tambi Larsen. – Produktion: Hal B. Wallis Production für Paramount Pictures. – Produzent: Hal B. Wallis. – Länge: 86 M. – Schwarzweiß, VistaVision. – Release: Juni 1958. – Premiere New York: 17.9.1958, Guild. – Deutsche Erstaufführung: 6.3.1959, in vielen Städten der BR Deutschland. – Darsteller: Shirley Booth, Anthony Quinn, Shirley MacLaine, Earl Holliman, Eileen Heckart, Clint Kimbrough, Warren Stevens. – Illustrierte Film-Bühne: Nr. 4723.

Da sind: ein Mann im gefährlichen Alter, der sich plötzlich noch einmal jung fühlt und aus der Langeweile des Gewohnten ausbrechen muß, eine Siebzehnjährige, die zum erstenmal und gleich wie eine Pantherin liebt, ein Jüngling, der sich in erwachendem Mannestrotz gegen den Vater auflehnt, ein Knabe, der, als ihm die Illusion vom Vater stirbt, in Kindertränen ausbricht – und mitten in dieser desperaten Familie die Frau, die das alles nicht wahrhaben will: eine sentimentale, liebe Mittvierzigerin (...). Wie hinreißend echt die großartige Shirley Booth das spielt (...). Auch die junge Generation ist überaus ungeschminkt und charakteristisch vertreten: Shirley MacLaine, ein frisches, gar nicht hübsches, gar nicht teenagersüßes Ding, eher an eine zähe schlanke Katze erinnernd und mit allen Anlagen zur echten Vehemenz. (G.A., Film und Frau, Hamburg, Nr. 1, 1959)

THE MATCHMAKER. Die Heiratsvermittlerin. – USA 1958. – Regie: Joseph Anthony. – Buch: John Michael Hayes (nach dem gleichnamigen Theaterstück von Thornton Wilder). – Kamera: Charles Lang. – Schnitt: Howard Smith. – Musik: Adolph Deutsch. – Bauten: Hal Pereira, Roland Anderson. – Produktion: Don Hartman Production für Paramount Pictures. – Produzent: Don Hartman. – Länge: 100 M. – Schwarzweiß, VistaVision. – Premiere New York: 12.8.1958, Little Carnegie. – Release: August 1958. – Deutsche Erstaufführung: 14.8.1959, in vielen Städten der BR Deutschland. – Darsteller: Shirley Booth, Anthony Perkins, Shirley MacLaine, Paul Ford, Robert Morse, Perry Wilson, Wallace Ford. – Illustrierte Film-Bühne: Nr. 4890.

Komödie um eine Heiratsvermittlerin, die es selbst auf einen ihrer ›Kunden‹ abgesehen hat. Mit weitaus jüngeren ›Appetithäppchen‹ – Shirley MacLaine in der Rolle einer verführerischen Putzmacherin – ködert sie ihn erst, um ihm den Mund wässrig zu machen, und anschließend schnappt sie ihn sich selbst.

SOME CAME RUNNING. Verdammt sind sie alle. – USA 1958/59. – Regie: Vincente Minnelli. – Buch: John Patrick, Arthur Sheekman (nach dem gleichnamigen Roman von James Jones). – Kamera: William H. Daniels. – Schnitt: Adrienne Fazan. – Musik: Elmer Bernstein. – Song: To Love and Be Loved. – Bauten: William A. Horning, Urie McCleary. – Ausstattung: Henry Grace, Robert Priestley. – Produktion: Metro-Goldwyn-Mayer. – Produzent: Sol C. Siegel. – Länge: 134 M. – Metrocolor, CinemaScope. – Premiere New York: 22.1.1959, Music Hall. – Release: Januar 1959. – Deutsche Erstaufführung: 3.9.1959, Frankfurt am Main, MGM-Theater. – Darsteller: Frank Sinatra, Dean Martin, Shirley

MacLaine, Martha Hyer, Arthur Kennedy, Nancy Gates. – Illustrierte Film-Bühne: Nr. 4952.

Es ist die Geschichte eines entlassenen GI, der nach sechzehnjähriger Abwesenheit in die Kleinstadt zurückkehrt, wo sein arrivierter Bruder das Ansehen der Honorationen genießt. Der nur versehentlich Heimgekehrte, der das Vertrauen in seine eigene Begabung verloren hat, bringt das Städtchen in Aufruhr. Die Verbrüderung mit einem professionellen Spieler und die kühle Freundschaft mit einer Dirne provozieren die »Gesitteten«. Es kommt zum öffentlichen Skandal ... Frank Sinatra und Dean Martin geben dem Männerbund die zwielichtige Kontur und Shirley MacLaine, das rothaarige Mädchen aus Chicago, rankt sich als fleischgewordene Dummheit an den klugen Männern ihrer Umgebung empor. Lispelnd vampt sie durch die Filmgefilde, eine Venus vom Hinterhof, die uns die Heiterkeit, auch im »tragischen« Ausgang, nicht vergessen läßt. (MR [i.e. Martin Ruppert], Frankfurter Allgemeine Zeitung, 5.9.1959)

ASK ANY GIRL. Immer die verflixten Frauen. – USA 1959. – Regie: Charles Walters. – Buch: George Wells (nach dem Roman von Winifred Wolfe). – Kamera: Robert Bronner. – Schnitt: Jon McSweeney, Jr. – Musik: Jeff Alexander. – Bauten: F. Keogh Gleason, Henry Grace. – Produktion: Joe Pasternak Production für Metro-Goldwyn-Mayer. – Produzent: Joe Pasternak. – Länge: 98 M. – Metrocolor, CinemaScope. – Premiere New York: 21.5.1959, Music Hall. – Release: Juni 1959. – Deutsche Erstaufführung: 5.7.1959, Internationale Filmfestspiele Berlin (Wettbewerb), Zoo-Palast und Film-Bühne Wien. – Kinostart: 9.10.1959. – Darsteller: David Niven, Shirley MacLaine, Gig Young, Rod Taylor, Jim Backus. – Illustrierte Film-Bühne: Nr. 5010.

Täglich fallen an die 300 »Mädchen vom Lande« in die Wolkenkratzerverheißung New Yorks ein, um sich einen Job, womöglich einen Mann, zu angeln. Auf 37 männliche Bürger Amerikas kommen 38 1/2 Frauen. 76 Prozent aller befragten Heiratskandidaten wünschen mit unversehrten Partnerinnen in die Flitterwochen zu fahren. An diesen drei statistischen Thesen haben Drehbuchautor George Wells und Regisseur Charles Walters ihr vergnügliches Seminar für weltstädtische Eheaspirantinnen in CinemaScope-Breite angepflockt. Ihr Anschauungsobjekt aus der Provinz heißt Meggie Wheeler. Sie stammt aus einer Familie, in der es seit sechs Generationen oberste Tradition ist, im Vollbesitz aller weiblichen Vorzüge an den zielstrebig angesteuerten Traualtar zu treten. (...) Als erfreulichste burleske Hollywooderwerbung entpuppt sich immer mehr die unvergleichliche Shirley MacLaine (...). (H.P. Reiser, Frankfurter Nachtausgabe, 8.11.1959)

CAREER. Viele sind berufen. – USA 1959. – Regie: Joseph Anthony. – Buch: Bert Granet, Dalton Trumbo, James Lee (nach seinem gleichnamigen Off-Broadway-Stück). – Kamera: Joseph LaShelle. – Schnitt: Warren Low. – Musik: Franz Waxman (i.e. Franz Wachsmann). – Song: (Love Is a) Career. – Bauten: Hal Pereira, Walter H. Tyler. – Produktion: Hal B. Wallis Production für Paramount Pictures. – Produzent: Hal B. Wallis. – Länge: 105 M. – Premiere New York: 8.10.1959, Loew's State. – Release: November 1959. – Deutsche Erstaufführung: 4.11.1960, in vielen Städten der BR Deutschland. Darsteller: Dean Martin, Anthony Franciosa, Shirley MacLaine, Carolyn Jones, Joan Blackman, Robert Middleton. – Illustrierte Film-Bühne: Nr. 5513.

Die Niederlagen, die Demütigungen des Mannes, der zum Schauspieler berufen ist, bei dem sich Leben und Schauspielerberuf decken müssen, der keine andere Chance hat zur eigenen Wirklichkeit, als Schauspieler zu sein. Er rennt und bohrt gegen die Wände an, die seinen Weg blockieren. Unverständnis, Mißachtung, Armut, die zerfallende Liebe der eigenen Frau, der eigene Mangel an geschäftstüchtiger Raffinesse und die Schläge von außen, Krieg und irrsinnige Kommunistenjagd. Hart und ohne genialisches Wehgestöhn spielt Anthony Franciosa diesen Schauspieler Sam Lawson, neben ihm Dean Martin als eleganteres Gegenbild aus Charme und Management, Shirley MacLaine als tragisch verdrehte, erotikbesessene und whiskeytrinkende Produzententochter (sie ist immer wieder das schauspielerische Sonderereignis). Ein Stück Wahrheit ist dieser Film, der leicht zur vereinfachten Sam Irgendwer-Story hätte werden können (...). (-n., Die Andere Zeitung, Hamburg, Nr. 47, 1960)

CAN-CAN. Can-Can/Can-Can. Ganz Paris träumt von der Liebe. – USA 1960. – Regie: Walter Lang. – Buch: Dorothy Kingsley, Charles Lederer (nach dem gleichnamigen Broadway-Musical von Abe Borrows und Cole Porter, 1953). – Kamera: William H. Daniels. – Schnitt: Robert Simpson. – Musik-Arrangements: Nelson Riddle. – Songs: Maidens Typical of France, It's All Right with Me, Live and Let Live, Adam and Eve Ballet, Montmartre, Snake Dance, Apache Dance, C'est Magnifique, I Love Paris, Let's Do It, Just One of Those Things, You Do Something to Me. – Choreografie: Hermes Pan. – Bauten: Lyle Wheeler, Jack Martin Smith. – Ausstattung: Walter M. Scott, Paul S. Fox. – Produktion: Jack Cummings Production/Suffolk-Cummings Productions für Twentieth Century-Fox. – Produzent: Jack Cummings. – Länge: 131 M. – Technicolor, Todd-AO. – Premiere New York: 9.3.1960, Rivoli. – Release: März 1960. – Deutsche Erstaufführung: 4.10.1960, Stuttgart, Gloria. – Darsteller: Frank Sinatra, Shirley MacLaine, Maurice Chevalier, Louis Jordan, Juliet Prowse, Marcel Dalio. – Illustrierte Film-Bühne: Nr. 5984.

Wenn Shirley MacLaine einen Song von Cole Porter gesungen oder einen Apachentanz auf die Leinwand gelegt

CAREER: Shirley MacLaine

Ask Any Girl: Shirley MacLaine

hat, applaudiert das Publikum impulsiv, als säße es im Theater; wie der Teufel aus dem Kasten hüpft Shirley MacLaine über Technik, Zeit und Raum in die unmittelbare Aktualität hinein. Das gelingt nur wenigen Filmschauspielern, und solches Phänomen wird von einer glänzenden Aufnahme-, Drehbuch-, Regie- und Kameratricktechnik, wird von dem ganzen Filmraffinement, wie es in dieser Brillanz nur Hollywood zur Verfügung steht, zwar routiniert unterstützt, aber doch nicht erklärt. Die MacLaine zählt zu den großen Filmkünstlerinnen nicht nur unserer Tage. Ihre Wirkung ist ungeheuer. (H.O., Der Tagesspiegel, 17.3.1961)

THE APARTMENT. Das Appartement. – USA 1960. – Regie: Billy Wilder. – Buch: Billy Wilder, I.A.L. Diamond. – Kamera: Joseph LaShelle. – Schnitt: Daniel Mandell. – Musik: Adolph Deutsch. – Bauten: Alexander Trauner. – Ausstattung: Edward G. Boyle. – Produktion: The Mirisch Company, Inc., Hollywood, für United Artists. – Produzent: Billy Wilder. – Länge: 125 M. – Schwarzweiß, Panavision. – Release: 19.5.1960. – Premiere New York: 15.6.1960, Astor und Plaza. – Deutsche Erstaufführung: 16.9.1960, in vielen Städten der BR Deutschland. – Darsteller: Jack Lemmon, Shirley MacLaine, Fred MacMurray, Ray Walston, Jack Kruschen, David Lewis, Hope Holiday. – Illustrierte Film-Bühne: Nr. 5430.

»Shut up and deal«, sagt Shirley MacLaine am Ende des Films herzergreifend zupackend zu Jack Lemmon. Die (Rommé-)Karten sind neu verteilt – wirklich? – und einem zaghaften Happy-End steht nichts mehr im Weg.

OCEAN'S ELEVEN. Frankie und seine Spießgesellen. – USA 1960. – Regie: Lewis Milestone. – Buch: Harry Brown, Charles Lederer (nach einer Story von George Clayton Johnson, Jack Golden Russell). – Kamera: William H. Daniels. – Schnitt: Philip W. Anderson. – Musik: Nelson Riddle. – Bauten: Nicolai Remisoff. – Produktion: Lewis Milestone Production für Warner Bros. – Produzent: Lewis Milestone. – Länge: 127 M. – Premiere New York: 10.8. 1960, Capitol. – Release: August 1960. – Deutsche Erstaufführung: 17.2.1961, Düsseldorf, City, und Köln, Gloria. – Darsteller: Frank Sinatra, Dean Martin, Sammy Davis, Jr., Peter Lawford, Angie Dickinson, Richard Conte; ungenannt: Shirley MacLaine. – Illustrierte Film-Bühne: Nr. 5636.

Die Geschichte ist reizvoll: Eine Bande ehemaliger Kriegskameraden, die sich nach fünfzehn Jahren wieder treffen, beschließt, sämtliche Spielbanken von Las Vegas auszurauben, und tut es auch, nach einem köstlich raffinierten Plan und mit dem Glück, das nur Amateure haben können. Zwar ist alles vergebens, das Geld entschlüpft wieder ihren Händen, denn, so klug sie, die Spießgesellen, sind, sie haben nicht mit der Tücke der eigenen Klugheit gerechnet. Das ist von köstlicher, von makabrer Komik und

entläßt den Zuschauer in vergnügtester Laune. (ms. [d.i. Martin Schlappner], Neue Zürcher Zeitung, 8.2.1961). – Shirley MacLaine ist in einem kurzen Gastauftritt als betrunkenes Mädchen zu sehen.

ALL IN A NIGHT'S WORK. Alles in einer Nacht. – USA 1961. – Regie: Joseph Anthony. – Buch: Edmund Beloin, Maurice Richlin, Sydney Sheldon (nach einem Theaterstück von Owen Elford und einer Story von Margit Veszi). – Kamera: Joseph LaShelle. – Spezialeffekte: John P. Fulton. – Schnitt: Howard Smith, Warren Low. – Musik: André Previn. – Bauten: Hal Pereira, Walter Tyler. – Ausstattung: Sam Comer, Arthur Krams. – Produktion: Hal B. Wallis Productions für Paramount Pictures. – Produzent: Hal. B. Wallis. – Länge: 94 M. – Technicolor. – Premiere New York: 22.3. 1961, Victoria und Normandie. – Release: März 1961. – Deutsche Erstaufführung: 3.10.1961, in vielen Städten der BR Deutschland. – Darsteller: Dean Martin, Shirley MacLaine, Cliff Robertson, Charlie (Charles) Ruggles, Norma Crane, Gale Gordon, Jerome Cowan, Jack Weston. – Illustrierte Film-Bühne: Nr. 5893.

Shirley MacLaine verbringt einen einsamen, kurzen Urlaub in Miami, wo sie Gelegenheit hat, einen Mann zu retten, der in das Luxushotel-Schwimmbecken stolpert. Sie bringt ihn ins Hotelzimmer und entledigt sich ihres nassen Abendkleides, wird dann, nur mit einem Frottiertuch bekleidet, von einem Hoteldetektiv entdeckt, entkommt ihm aber. Da sie auf der Flucht durch ein Zimmer eilte, wo ein eben sanft in eine bessere Welt entschlafener Millionär ruht, und dabei einen ihrer Ohrringe verliert, hält man sie später für das Liebchen dieses Mannes und für eine Erpresserin, die nur darauf aus ist, den guten Namen des Entschlafenen für eine nette Summe Geldes zu bewahren. Daraus ergeben sich eine Unmenge witziger Szenen, humorvoller Abenteuer und oft eine boshafte Schilderung von Geschäftspraktiken in einem Millionen-Dollar-Zeitungskonzern. Schließlich heiratet Shirley MacLaine den jungen Neffen des Toten, der das Erbe angetreten hat. Dean Martin porträtiert ihn amüsant. (H.B. Kranz, Die Tat, Zürich, 18.6.1961)

TWO LOVES. Der Fehltritt. – USA 1961. – Regie: Charles Walters. – Buch: Ben Maddow (nach dem Roman »Spinster«, 1958, von Sylvia Ashton-Warner). – Kamera: Joseph Ruttenberg. – Schnitt: Fredric Steinkamp. – Musik: Bronislau Kaper. – Bauten: George W. Davis, Urie McCleary. – Ausstattung: Henry Grace, Hugh Hunt. – Produktion: Julian Blaustein Productions für Metro-Goldwyn-Mayer. – Produzent: Julian Blaustein. – Länge: 100 M. – Metrocolor, Cinema-Scope. – Uraufführung: 24.5.1961, Los Angeles. – Release: Mai 1961. – Premiere New York: 21.6.1961, Rivoli. – Deutsche Erstaufführung: 2.7.1961, Internationale Filmfestspiele Berlin (Wettbewerb), Zoo-Palast. – Kinostart: 31.8.

1961. – Darsteller: Shirley MacLaine, Laurence Harvey, Jack Hawkins, Nobu McCarthy, Ronald Long, Norah Howard. – Illustrierte Film-Bühne: Nr. 5824. – Arbeitstitel: »The Spinster«, »I'll Save My Love«

Es wird einem warm ums Herz, schon nach wenigen Filmmetern. Der trübe, kalte Novembertag ist vergessen – der Film nimmt gefangen. Dabei ist es nicht einmal weltbewegend, was sich da breit und bunt auf der Leinwand abspielt. Dennoch – oder gerade darum – bewegt uns die Geschichte vom einfachen Leben der fabelhaft menschlichen, klugen und ausnehmend hübschen Lehrerin Anna aus Neuseeland. Disziplin herrscht in Annas Klasse nicht; sie legt auch keinen Wert darauf. (...) Im Film geht's nun so weiter, daß in Annas Leben, das fast erfüllt und friedvoll ist, zwei Männer treten. Einer ist jung, der andere am Rande seiner sogenannten besten Jahre. Beide sind Kollegen – keiner scheint Chancen zu haben. Denn die sonst so tüchtige Anna hat Angst vor der Liebe. (...) Die MacLaine vollbringt fürwahr eine Meisterleistung. Ihr apartes, sensibles Gesicht ist jeder Intensität des Ausdrucks fähig. Es verschließt sich vor einer Liebe, die sie quält, es erschließt sich gütiger Zärtlichkeit, blüht auf, wenn sie »ihre Kinder« um sich hat. (E.R., Hannoversche Presse, 19.11.1961)

THE CHILDREN'S HOUR. Infam. – USA 1961. – Regie: William Wyler. – Buch: John Michael Hayes. – Adaption: Lillian Hellman (nach ihrem gleichnamigen Bühnenstück, 1934). – Kamera: Franz F. Planer. – Schnitt: Robert Swink. – Musik: Alex North. – Bauten: Fernando Carrere. – Ausstattung: Edward G. Boyle. – Produktion: Mirisch-World Wide Productions für United Artists. – Produzent: William Wyler. – Länge: 107 M. – Schwarzweiß. – Uraufführung: 20.12. 1961, Los Angeles. – Premiere New York: 14.3.1962, Astor und Trans-Lux Fifty-second Street. – Release: März 1962. – Deutsche Erstaufführung: 16.10.1962, München, Stachus. – Darsteller: Audrey Hepburn, Shirley MacLaine, James Garner, Miriam Hopkins, Fay Bainter, Karen Balkin. – Illustrierte Film-Bühne: Nr. 6292. – Arbeitstitel: »Infamous«. – Remake von THESE THREE (USA 1936, Regie: William Wyler).

Zwei Lehrerinnen, seit den Tagen des gemeinsamen Studiums befreundet, leiten zu ihrer, der Kinder und der Eltern Zufriedenheit eine Privatschule, in der lediglich ein gar garstiges Mädchen durchaus nicht parieren will. Um sich für die gerechten Bestrafungen zu rächen, erfindet das böse Kind mit seiner verdorbenen Phantasie ein gemeines Gerücht: Es erzählt seiner wankelmütigen Großmutter, mit den beiden Lehrerinnen sei etwas nicht in Ordnung, die Beziehungen der beiden seien – ein zufällig aufgeschnapptes Wort wird zitiert – unnatürlich. Eine Stunde nach dieser Verleumdung ist die Schule leer, die aufgescheuchten Eltern holen, einer nach dem anderen, ihre gefährdeten Töchter aus dem vermeintlichen Sündenpfuhl. (...) Audrey Hepburn ist von Anfang an die Strahlende, die durch und durch Saubere, die am Ende nur einige Tränen verlieren darf. Shirley MacLaine – zum ersten Male spielen die beiden großen Schauspielerinnen zusammen – agiert als die Lustigere, Unkompliziertere von beiden. Und gerade sie muß sich das Leben nehmen. (V.B. [i.e. Volker Baer], Der Tagesspiegel, 24.11.1962)

MY GEISHA. Meine Geisha. USA 1962. – Regie: Jack Cardiff. – Buch: Norman Krasna. – Kamera: Shunichiro Nakao. – Schnitt: Archie Marshek. – Musik: Franz Waxman (i.e. Franz Wachsmann) unter Verwendung von Motiven aus »Madame Butterfly« von Giacomo Puccini. – Song: You Are Sympathy to Me. – Bauten: Hal Pereira, Arthur Lonergan, Makoto Kikuchi. – Produktion: Sachiko Productions für Paramount Pictures. – Produzent: Steve Parker. – Länge: 120 M. – Technicolor, Technirama. – Premiere New York: 13.6. 1962, DeMille und Fine Arts. – Release: Juli 1962. – Deutsche Erstaufführung: 9.3.1962, in vielen Städten der BR Deutschland. – Darsteller: Shirley MacLaine, Yves Montand, Edward G. Robinson, Bob Cummings, Yoko Tani, Tatsuo Saito. – Illustrierte Film-Bühne: Nr. 6052.

Die Titelrolle verkörpert Shirley MacLaine, die mit schelmischer Grazie in das Kostüm einer Geisha schlüpft und so wunderbar Maske zu machen versteht, daß selbst ihr eigener Mann im Film (Yves Montand) sie nicht erkennt und sie die »Butterfly« in einem Film spielen läßt, für den er beileibe keine Amerikanerin, sondern nur eine echte Japanerin haben will. (Vera Craener, Der Tagesspiegel, 1.4.1962)

TWO FOR THE SEESAW. Spiel zu zweit. – USA 1962. – Regie: Robert Wise. – Buch: Isobel Lennart (nach dem gleichnamigen Theaterstück von William Gibson, 1958). – Kamera: Ted McCord. – Schnitt: Stuart Gilmore. – Musik: André Previn. – Bauten: Boris Leven. – Ausstattung: Edward G. Boyle. – Produktion: Seesaw Pictures / Mirisch Pictures / Argyle Enterprises / Talbot Productions / Seven Arts Productions für United Artists. – Produzent: Walter Mirisch. – Länge: 120 M. – Schwarzweiß, Panavision. – Premiere New York: 21.11.1962, Astor und andere Theater. – Release: Dezember 1962. – Deutsche Erstaufführung: 15.3.1963, in vielen Städten der BR Deutschland. – Darsteller: Robert Mitchum, Shirley MacLaine, Edmond Ryan, Elisabeth Fraser, Eddie Firestone, Billy Gray. – Illustrierte Film-Bühne: Nr. 6433.

Es geht um einen geschiedenen Rechtsanwalt aus der amerikanischen Provinzstadt Omaha, der sich nach New York verkrochen hat (Robert Mitchum) und hier die kleine Tänzerin Gittel Mosca (Shirley MacLaine) kennenlernt. Beim ersten Telefongespräch mit Gittel sagt er ihr, er sei wie eine Fliege, die sich bemüht, vom Fliegenfänger (seiner verpfuschten Ehe) loszukommen; und die gutmütige, freche,

THE CHILDREN'S HOUR: Shirley MacLaine, Audrey Hepburn, James Garner

HOT SPELL: Shirley Booth, Earl Holliman, Shirley MacLaine

koboldartige Gittel beschließt, ihm zu helfen, bietet ihm an seinem Geburtstag ihr Geld und ihr Bett an. (...) Wie Shirley MacLaine diese kleine Künstlerin, die keine ist, diese ungezogene New Yorker Göre und Schlampe spielt, mit ihren eigenartigen »Hms« und kleinen Seufzern, Geständnisse wegwischt, wie ihr irisch-japanisches Gesicht, das humorvollste Mädchengesicht, das man sich denken kann, sich dauernd verwandelt, ihre raschen Bewegungen, ihre wunderbare innere Unverletzlichkeit trotz aller fast komischen Hingabebereitschaft; ein solches Register an Stimmungsnuancen, so viel leiseste Schattierungen und Farben in einer Mädchenrolle hat man seit den Zeiten der jungen Bergner nicht mehr gesehen. (Brigitte Jeremias, Frankfurter Allgemeine Zeitung, 19.3.1963)

IRMA LA DOUCE. Das Mädchen Irma La Douce. – USA 1963. – Regie: Billy Wilder. – Buch: Billy Wilder, I.A.L. Diamond (nach dem gleichnamigen Bühnenstück von Alexandre Breffort, 1956). – Kamera: Joseph LaShelle. – Schnitt: Daniel Mandell. – Musik: André Previn (nach der Bühnenmusik von Marguerite Monnot). – Choreographie (»Alouette«-Sequenz): Wally Green. – Bauten: Alexander Trauner. – Ausstattung: Edward G. Boyle, Maurice Barnathan. – Produktion: The Mirisch Company, Inc., Hollywood / Phalanx Productions, Inc. / Edward L. Alperson Presentation für United Artists. – Produzent: Billy Wilder. – Länge: 149 M. – Technicolor. – Uraufführung: 5.6.1963, New York, DeMille und Baronet. – Release: Juli 1963. – Deutsche Erstaufführung: 12.9.1963, München, Filmeck. – Darsteller: Jack Lemmon, Shirley MacLaine, Lou Jacobi, Bruce Yarnell, Herschel Bernardi, Hope Holiday. – Illustrierte Film-Bühne: Nr. 6582.

Wilder hat sich mit Shirley MacLaine eine unübertreffliche Irma La Douce gesichert. Sie bringt die scheinbare Naivität mit, die sich dann als fleißig addierender Sex-Appeal entpuppt. Die Kamera, zu Beginn aus dem Hintergrund anfahrend, bietet eine Musterkollektion von Mädchen an der Wand; der absolute Superlativ aber ist dann, ganz rechts im Bild, das Mädchen mit den absinthgrünen Strümpfen und dem winzigen, schmutzig-weißen Haarknäuel, einem Hund, auf dem Arm. Die MacLaine schlägt die monströsen Kurvenmiezen mit verächtlicher Grazie, oder sie tobt sich plötzlich in einem strapaziösen Tanz auf dem Billardtisch aus. (Günter Seuren, Deutsche Zeitung, 15.9. 1963)

WHAT A WAY TO GO! Immer mit einem anderen. – USA 1964. – Regie: J. Lee Thompson. – Buch: Betty Comden, Adolph Green (nach einer Story von Gwen Davies). – Kamera: Leon Shamroy. – Spezialeffekte: L.B. Abbott, Emil Kosa, Jr. – Schnitt: Marjorie Fowler. – Musik: Nelson Riddle. – Songs: I Think That You and I Should Get Acquainted,

Musical Extravaganza. – Choreographie: Gene Kelly, Richard Humphrey. – Bauten: Jack Martin Smith, Ted Haworth. – Ausstattung: Walter M. Scott, Stuart A. Reiss. – Produktion: J. Lee Thompson Production / APJAC Productions (Arthur P. Jacobs Productions) / Orchard Productions für Twentieth Century-Fox. – Produzent: Arthur P. Jacobs. – Länge: 111 M. – DeLuxe Color, CinemaScope. – Premiere New York: 14.5.1964, Criterion und Sutton. – Release: Juni 1964. – Deutsche Erstaufführung: 21.8.1964, Berlin, Ufa-Pavillon. – Darsteller: Shirley MacLaine, Paul Newman, Robert Mitchum, Dean Martin, Gene Kelly, Bob Cummings, Dick Van Dyke. – Illustrierte Film-Bühne: Nr. 6920.

Die Heldin dieser angenehm verrückten Geschichte ist das Mädchen Louisa aus einer kleinen Stadt, das sich nach den schlichten Freuden des Lebens sehnt und von Reichtum und Erfolg nichts wissen will. Aber das Schicksal will es anders. Und da Louisa ein sehr gut aussehendes Mädchen ist – mit dem süßen, pikanten Gesichtchen der Shirley MacLaine und deren bezaubernder Figur –, geschieht es, daß sie ohne jeden Ehrgeiz fünf Männer ehelicht und ihnen insgesamt 211 586 000 Dollar erbt. (...) Das Ganze ist herrlich unwahrscheinlich, total verrückt und eine blendende Satire auf die Sitten und Unsitten unserer unter Geldkomplexen leidenden Zeit. (Vera Craener, Der Tagesspiegel, 14.6.1964)

THE YELLOW ROLLS ROYCE. Der gelbe Rolls-Royce. – GB 1964. – Regie: Anthony Asquith. – Buch: Terence Rattigan. – Kamera: Jack Hildyard. – Schnitt: Frank Clarke. – Musik: Riz Ortolani. – Song: Forget Domani. – Bauten: Elliot Scott (britische Sequenzen); Vincent Korda, William Kellner (europäische Sequenzen). – Ausstattung: John Jarvis, Pamela Cornell. – Produktion: Anatole de Grunwald Productions für Metro-Goldwyn-Mayer. – Produzent: Anatole de Grunwald. – Länge: 122 M. – Metrocolor, Panavision. – Uraufführung: 31.12.1964, London, Empire. – Premiere New York: 13.5.1965, Radio City Music Hall. – Release: Juli 1965. – Deutsche Erstaufführung: 8.4.1965, Berlin, Atelier am Zoo. – Darsteller: Rex Harrison, Jeanne Moreau, Edmund Purdom, Michael Hordern, Lance Percival, Roland Culver, Moira Lister, Harold Scott, Isa Miranda (1. Episode); Shirley MacLaine, George C. Scott, Alain Delon, Art Carney, Riccardo Garrone (2. Episode); Ingrid Bergman, Omar Sharif, Joyce Grenfell, Wally Cox, Carlo Croccolo (3. Episode). – Illustrierter Film-Kurier: Nr. 49.

Die zweite Episode [des Films], die herrlichste, heiterste und auch in ihrer Sentimentalität keineswegs üble ist, dreht sich um eine amerikanische Gangsterbraut, die mit ihrem italo-amerikanischen Pseudo-Capone eine Reise in dessen Heimat macht und dabei auf einen jungen Mann stößt, der ihr zum erstenmal die Tür zu den Wundern der Liebe öffnet. Es ist eine Tür, die rasch zugeschlagen werden

IRMA LA DOUCE: Shirley MacLaine, Jack Lemmon

muß, damit nicht alle in das Spiel Verwickelten untergehen. In diesem Einakter triumphiert Shirley MacLaine. Mit kleinsten Gesten, einem Zucken des Mundes, einem verschmitzten Blick, einem Achselzucken zur tiefsten Charakterisierung eines Menschenwesens gelangend, wandelt sie sich aus einem blöden Hat-check-girl aus Brooklyn zu einer Frau, die ein Opfer bringt, das sie im Leben nicht vergessen wird. (Manfred George, Aufbau, New York, 14.5.1965)

JOHN GOLDFARB, PLEASE COME HOME! Eine zuviel im Harem. – USA 1965. – Regie: J. Lee Thompson. – Buch: William Peter Blatty. – Kamera: Leon Shamroy. – Spezialeffekte: L.B. Abbott, Emil Kosa, Jr. – Schnitt: William B. Murphy. – Musik: Johnny Williams. – Choreographie: Paul Godkin. – Bauten: Jack Martin Smith, Dale Hennesy. – Ausstattung: Walter M. Scott, Stuart A. Reiss. – Produktion: Steve Parker – J. Lee Thompson Production / Parker – Orchard Production für Twentieth Century-Fox. – Produzent: Steve Parker. – Länge: 96 M. – CinemaScope, DeLuxe Color. – Premiere New York: 24.3.1965, Palace und andere Theater. – Release: April 1965. – Deutsche Erstaufführung: 30.3.1965, in vielen Städten der BR Deutschland. – Darsteller: Shirley MacLaine, Peter Ustinov, Richard Crenna, Jim Backus, Scott Brady, Fred Clark. – Illustrierte Film-Bühne: Nr. 7020.

Vergnüglich für mittlere Ansprüche ist das Ganze natürlich immer noch: diese Geschichte um den U-2-Piloten John Goldfarb, der sich mit seiner Maschine »verfranzt« und in einem exotischen Königreich notlandet, in dem Harem eine amerikanische Reporterin wiederfindet, die dort verbotenerweise Aufnahmen für eine Zeitschrift macht, und der in der Wüste Trainer einer Footballmannschaft wird. Die muß ausgerechnet gegen eines der berühmtesten Teams der USA antreten – auf Wunsch des skurrilen Königs, der sonst den Vereinigten Staaten nicht erlauben will, einen Flugzeugstützpunkt einzurichten – und soll dabei noch gewinnen. Sie tut's. Womit das Happy-End auch für die beiden Hauptakteure gesichert ist. Aber weniger dieser rote Handlungsfaden macht den Film in Maßen ansehnlich, sondern das Drumherum an absonderlichen Einfällen (...). Und Shirley MacLaine. Es ist immer aufs neue faszinierend, diese Frau zu sehen, wie sie durch die Weltgeschichte trampelt, und dabei dennoch graziös wirkt, wie sie ihr Gesicht zu Grimassen verzieht und trotzdem ihren Charme behält. Eine schöne Hexe, eine vitale Grazie. (sol-, Der Tagesspiegel, 25.4.1965)

GAMBIT. Das Mädchen aus der Cherry-Bar. – USA 1966. – Regie: Ronald Neame. – Buch: Jack Davies, Alvin Sargent (nach einer Story von Sidney Carroll). – Kamera: Clifford Stine. – Schnitt: Alma Macrorie. – Musik: Maurice Jarre. – Song: I'm Gonna Spread my Wings. – Choreographie: Paul Godkin. – Bauten: Alexander Golitzen, George C. Webb. –

Ausstattung: John McCarthy, John Austin. – Produktion: Leo L. Fuchs Production für Universal Pictures. – Produzent: Leo L. Fuchs. – Länge: 108 M. – Technicolor. – Premiere New York: 21.12.1966, Sutton. – Release: Dezember 1966. – Deutsche Erstaufführung: 16.12.1966, in vielen Städten der BR Deutschland. – Darsteller: Shirley MacLaine, Michael Caine, Herbert Lom, Roger C. Carmel, Arnold Moss, John Abbott. – Illustrierte Film-Bühne: Nr. 7471.

Rififi-Stimmung, logische Überraschungen, kostbare Garderoben und Interieurs, dazu Shirley MacLaine: Was kann da eigentlich noch schiefgehen? Ronald Neame richtet hier eine listige Kriminalkomödie ein, die gerade recht zu Weihnachten bei uns anläuft. Nein, die Handlung darf man nicht erzählen, nur soviel sei gesagt, daß es um den Raub einer chinesischen Büste zu gehen scheint; ein Nichtsnutz, gespielt von Michael Caine, plant ihn zusammen mit seinem Freund, den John Abbot verkörpert. (sol-, Der Tagesspiegel, 18.12.1966)

WOMAN TIMES SEVEN / SEPT FOIS FEMME / SETTE VOLTE DONNA. Siebenmal lockt das Weib. – USA/Frankreich/Italien 1967. – Regie: Vittorio De Sica. – Buch: Cesare Zavattini. – Kamera: Christian Matras. – Schnitt: Teddy Darvas, Victoria Spiri-Mercanton. – Musik: Riz Ortolani. – Bauten: Bernard Evein. – Ausstattung: Georges Glon. – Produktion: Arthur Cohn Production / Société Nouvelle des Films Cormoran für Embassy Pictures (Twentieth Century-Fox, Overseas). – Produzent: Arthur Cohn. – Länge: 99 M. – Pathé Color. – Premiere New York: 27.6.1967, Lincoln Art und andere Theater. – Release: Juni 1967. – Deutsche Erstaufführung: 29.9.1967, in vielen Städten der BR Deutschland. – Premiere Paris: Oktober 1967. – Kinostart in Italien: 1967. – Darsteller: Shirley MacLaine, Peter Sellers, Elspeth March (1. Funeral Procession, 8 M.); Shirley MacLaine, Rossano Brazzi, Catherine Samie, Judith Magre (2. Amateur Night, 15 M.); Shirley MacLaine, Vittorio Gassman, Clinton Greyn (3. Two against One, 15 M.); Shirley MacLaine, Lex Barker, Elsa Martinelli, Robert Morley (4. The Super-Simone, 14 M.); Shirley MacLaine, Patrick Wymark, Adrienne Corri (5. At the Opera, 15 M.); Shirley MacLaine, Alan Arkin (6. The Suicides, 16 M.); Shirley MacLaine, Michael Caine, Anita Ekberg, Philippe Noiret (7. Snow, 16 M.). – Illustrierte Film-Bühne: Nr. 7687.

Der Sieben-Episoden-Film gibt der 32jährigen Shirley MacLaine Gelegenheit, sich, wie sie selbst sagt, »nach Herzenslust auszutoben«. In jeder Episode ist sie eine andere, die Skala ihrer »Naturelle« rangiert von »ganz bescheiden« bis »gänzlich exaltiert«. (H.H., Berliner Morgenpost, 27.1.1967)

THE BLISS OF MRS. BLOSSOM. Hausfreunde sind auch Menschen. – GB 1968. – Regie: Joseph McGrath. – Buch:

Alec Coppel, Denis Norden (nach dem Bühnenstück »A Bird in the Nest« von Alec Coppel). – Kamera: Geoffrey Unsworth. – Schnitt: Ralph Sheldon. – Musik: Riz Ortolani. – Songs; I Think I'm Beginning to Fall in Love, The Way that I Live. – Bauten: George Lack, Bill Alexander. – Ausstattung: Assheton Gorton. – Produktion: Josef Shaftel Production für Paramount Pictures. – Produzent: Josef Shaftel. – Länge: 93 M. – Technicolor. – Uraufführung: 25.9.1968, Detroit. – Release: Oktober 1968. – Premiere New York: 11.12.1968. – Kinostart in Großbritannien: Dezember 1968. – Deutsche Erstaufführung: 10.1.1969, in vielen Städten der BR Deutschland. – Darsteller: Shirley MacLaine, Richard Attenborough, James Booth, Freddie Jones, William Rushton, Bob Monkhouse. – Illustrierte Film-Bühne: Nr. 8049.

Der BH-Fabrikant Blossom – die Rolle spielt kein geringerer als Richard Attenborough – beordert einen seiner Mechaniker, die Nähmaschine der Mrs. Blossom zu reparieren. Da der Mechaniker jung und stark, der Fabrikbesitzer nach zwölfjähriger Ehe erotisch nicht mehr ansprechbar und seine hübsche Frau hungrig ist, ergibt sich das Dreiecksverhältnis geradezu logisch. Der Liebhaber wird, natürlich ohne das Wissen des rechtmäßigen Gatten, unterm Dach einquartiert, die Zeit der Wonne beginnt. (...). Aber gelacht wird vor allem, wenn die konkrete Szene sich auflöst in freie Assoziationen, in ein äußerst unterhaltsames Spiel mit Klischees und deren verblüffende Variationen. (...) Shirley MacLaine bringt die unschuldige Frivolität der Mrs. Blossom absolut überzeugend (...).(Alfred Starkmann, Die Welt, 30.11.1968)

SWEET CHARITY. Sweet Charity. – USA 1968/69. – Regie: Bob Fosse. – Buch: Peter Stone (nach dem gleichnamigen Musical von Neil Simon, Cy Coleman, Dorothy Fields, basierend auf Federico Fellinis Film LE NOTTI DI CABIRIA). – Kamera: Robert Surtees. – Schnitt: Stuart Gilmore. – Musik: Cy Coleman. – Songs: My Personal Property; Hey, Big Spender; Rich Man's Frug; If my Friends Could See Me Now; There's Gotta Be Something Better than This; It's a Nice Face; Rhythm of Live; Sweet Charity; I'm a Brass Band; I Love to Cry at Weddings; Where Am I Going? – Choreographie: Bob Fosse. – Bauten: Alexander Golitzen, George C. Webb. – Ausstattung: Jack D. Moore. – Produktion: Universal Pictures. – Produzent: Robert Arthur. – Länge: 157 M. – Technicolor, Panavision. – Uraufführung: 11.2.1969, Boston. – Release: Februar 1969. – Premiere New York: 1.4.1969, Rivoli. – Deutsche Erstaufführung: 24.10.1969, in vielen Städten der BR Deutschland. – Darsteller: Shirley MacLaine, Sammy Davis, Jr., Ricardo Montalban, John McMartin, Chita Rivera, Paula Kelly, Stubby Kaye, Barbara Bouchet.

Mit ihrem karottenfarbigen Schopf, ihren Knopfaugen, Sommersprossen und langen Schlenkerbeinen – so stakst, tanzt, lacht und weint sie wieder in ihrem jüngsten Film-Musical als Sweet Charity über die Filmbreitwand: Shirley MacLaine -, quicklebendig, wie immer blitzsauber und ohne jeden Hauch von Sex. Sie spielt ein »Taxi-Girl« mit der großen Sehnsucht nach Liebe und Geborgenheit. Schlagfertig reagiert sie auf alle Schicksalsschläge, gleichgültig, ob sie im Schrank des berühmten Filmstars eingesperrt hockt oder ihren neuen Freund Oscar von seinen neurotischen Verklemmungen befreien muß. Irgendwo ist immer ein kleiner Sonnenstrahl parat. Bis zum Happy End in Oscars Armen. (hgr., Hamburger Abendblatt, 25.10.1969)

TWO MULES FOR SISTER SARA / DOS MULAS Y UNA MUJER. Ein Fressen für die Geier. – USA/Mexiko 1970. – Regie: Don Siegel. – Buch: Albert Maltz (nach der Story »Two Guns for Sister Sara« von Budd Boetticher). – Kamera: Gabriel Figueroa. – Schnitt: Robert F. Shugrue, Juan José Marino. – Musik: Ennio Morricone. – Bauten: José Rodriguez Granada. – Ausstattung: Pablo Galvan. – Produktion: Malpaso Company / Universal Pictures / Sanen Productions für Universal Pictures. – Produzent: Martin Rackin, Carroll Case. – Länge: 116 M. – Technicolor, Panavision. – Amerikanische Erstaufführung: 28.5.1970, Dallas. – Premiere New York: 24.6.1970, Cinerama. – Release: Juni 1970. – Deutsche Erstaufführung: 12.2.1970, in vielen Städten der BR Deutschland. – Darsteller: Shirley MacLaine, Clint Eastwood, Manolo Fábregas, Alberto Morin, Armando Silvestre, John Kelly.

Nicht erst, wenn Schwester Sara eine Packung Dynamit fachgerecht unter einer Eisenbahnbrücke verstaut, mißtraut man ihrer Nonnentracht bzw. ihrer Trägerin. Mag die Kirche auch »in Fällen wie diesen – und wenn es um die Sicherheit geht – Dispens erteilen«, Saras gelegentliche Ausrutscher in Ganoven-Jargon, der zunächst verstohlene, dann offene Griff zur Whiskeyflasche und zur Zigarre hätten dem amerikanischen Söldner Hogan eigentlich schon sehr früh die Augen über Saras wahres, »öffentliches« Zuhause öffnen müssen. (...) Das prächtige Gespann Clint Eastwood und Shirley MacLaine parodiert keine Westernformen, sondern gibt ihnen neue Inhalte. (Reinhard Kill, Rheinische Post, Düsseldorf, 21.2.1970)

DESPERATE CHARACTERS. Verzweifelte Menschen. – USA 1971. – Regie: Frank D. Gilroy. – Buch: Frank D. Gilroy (nach einem Roman von Paula Fox). – Kamera: Urs Furrer. – Schnitt: Robert Q. Lovett. – Musik: Lee Konitz, Jim Hall, Ron Carter. – Ausstattung: Herbert F. Mulligan. – Produktion: ITC & TDJ für ITC (Incorporated Television Company). – Produzent: Frank D. Gilroy. – Länge: 87 M. – Eastmancolor. – Uraufführung: 5.7.1971, Internationale Filmfestspiele Berlin (Wettbewerb), Ufa-Pavillon. – Premiere New York: 22.9.1971, Festival Theater. – Release: September 1971. – Deutsche Erstaufführung: 15.1.1973, ZDF. – Darsteller:

Shirley MacLaine, Kenneth Mars, Sada Thompson, Jack Somack, Gerald S. O'Loughlin. – Der Film lief auf den Internationalen Filmfestspielen Berlin unter dem deutschen Titel »Sophie und Otto«.

Der Film besteht aus Gespräch – geschliffenen Dialogen, die des Regisseurs Absicht verwirklichen, eine beklemmende, geradezu würgende Atmosphäre herzustellen. Regisseur Frank D. Gilroy stellt kleine Privathöllen vor und die absolute Unmöglichkeit der Verständigung oder gar Herzlichkeit untereinander, in einem Lebensraum, der nur noch Verzweiflung enthält und vermittelt. Sophie und Otto sind ein gutsituiertes Ehepaar. Sie leiden, besonders leidet die empfindsame Frau, unter der Schwierigkeit, die schillernden Möglichkeiten, die in jeder Mitteilung stecken, als wahr oder unwahr einstufen zu können. Ein bißchen leicht hat Gilroy sich's gemacht mit der Schilderung der amerikanischen Verhältnisse. Er deutet nur an. Er raunt Schlimmes, ohne klare Wirkungen oder etwa Ursachen zu formulieren. In Shirley MacLaine hat er eine vorzügliche Interpretin dieser Rolle einer nachdenklichen, modernen jungen Frau. (Elvira Reitze, Der Abend, Berlin, 6.7.1971)

THE POSSESSION OF JOEL DELANEY. Die Besessenheit des Joel Delaney. – USA 1971/72. – Regie: Waris Hussein. – Buch: Matt Robinson, Grimes Grice (nach einem Roman von Ramona Stewart). – Kamera: Arthur Ornitz. – Schnitt: John Victor Smith. – Musik: Joe Raposo. – Bauten: Peter Morton. – Ausstattung: Philip Rosenberg. – Produktion: ITE Production für Paramount Pictures. – Produzent: Sir Lew Grade. – Länge: 105 M. – Technicolor. – Premiere New York: 24.5. 1972, Criterion und andere Theater. – Release: Mai 1972. – Deutsche Erstaufführung: 26.6.1972, Internationale Filmfestspiele Berlin (Wettbewerb), Zoo-Palast. – Darsteller: Shirley MacLaine, Michael Horden, Edmundo Rivera Alvarez, Robert Burr, Miriam Colon, David Elliot.

Mit dieser geschickt gemachten Widerwärtigkeit kommt nun als letzte Kitzelung des Abscheus auch die gute, böse alte Hexenaustreibung, die modische Neubelebung der mittelalterlich mörderischen Besessenheit ins Spiel. Shirley MacLaine, darstellend eine liebenswürdige, reiche Frau mit Kindern und Hund in New York, hat einen gefährdeten Bruder. Der junge Mann ist vom Teufel besessen. (Friedrich Luft, Die Welt, 27.6.1972)

THE TURNING POINT. Am Wendepunkt. – USA 1977. – Regie: Herbert Ross. – Buch: Arthur Laurents. – Kamera: Robert Surtees. – Schnitt: William Reynolds. – Musik: John Lanchbery. – Bauten: Albert Brenner. – Ausstattung: Marvin March. – Produktion: Twentieth Century-Fox. – Produzenten: Herbert Ross, Arthur Laurents. – Länge: 119 M. – DeLuxe Color. – Premiere New York: 14.11.1977, Coronet und andere Theater. – Release: November 1977. – Deutsche

Erstaufführung: 17.3.1978, in vielen Städten der BR Deutschland. – Darsteller: Anne Bancroft, Shirley MacLaine, Mikhail Baryshnikov, Leslie Browne, Tom Skerritt, Martha Scott, Antoinette Sibley, Alexandra Danilova, Anthony Zerbe.

Im Mittelpunkt stehen zwei Frauen: Ein erfolgreicher Ballettstar am Ende der Karriere und die einstige Rivalin, die dem Tanz das Familienleben vorgezogen hat. Unzufrieden sind sie beide, die eine über ein versäumtes Leben, die andere über die versäumte Kunst ... Aus Eifersucht um Ruhm und Ehre geraten sie schließlich aneinander, um schließlich voller Freude und Wehmut den Aufstieg eines neuen Stars zu sehen: Es ist die Tochter der Frau, die sich einst gegen den Beruf entschieden hat – und die scheint sich offensichtlich auch ihre privaten Genüsse holen zu wollen, wird aber von einem russischen Ballett-Playboy leichten Herzens betrogen. (H.G. Pflaum, Süddeutsche Zeitung, 25.3.1978)

BEING THERE. Willkommen, Mr. Chance. – USA 1979. – Regie: Hal Ashby. – Buch: Jerzy Kosinski (nach seinem gleichnamigen Roman). – Kamera: Caleb Deschanel. – Schnitt: Don Zimmerman. – Musik: John Mandel. – Bauten: Michael Haller. – Ausstattung: James Schoppe, Robert Benton. – Produktion: Andrew Braunsberg Production / Lorimar Film Entertainment für United Artists. – Produzent: Andrew Braunsberg. – Länge: 130 M. – Technicolor. – Premiere New York: 20.12.1979, Coronet. – Release: Dezember 1979. – Deutsche Erstaufführung: 19.9.1980, in vielen Städten der BR Deutschland. – Darsteller: Peter Sellers, Shirley MacLaine, Melvyn Douglas, Jack Warden, Richard Dysart, Richard Basehart.

Und so geht die Fabel. Dieser Gärtner ist aus nicht erklärten Gründen von einem reichen Arbeitgeber sein Leben lang zwischen den hohen Backsteinwänden eines Ziergärtchens in Washington gehalten worden. Die Außenwelt kennt er gut, aber nur aus dem Fernsehen. Er findet, als er dann in die Welt tritt, daß alles so ist wie im Fernsehen, nur mit einem anderen Bildausschnitt: das fällt ihm auf, als er durch die Breitwand der Windschutzscheibe einer Luxuslimousine seine neue Umgebung sieht. Nach dem Tod seines ersten Gönners gerät er, so will es schon sein Name, an den nächsten, noch sehr viel reicheren. Der nimmt seine einfältigen, in einem vor lauter Fernsehen somnabulen Ton geäußerten, ganz direkt gemeinten Sätze für eine Art Naturphilosophie, mit der sich die verfahrene wirtschaftliche Realität unverhofft neu interpretieren läßt. Daß davon sogar das Weiße Haus in seinen Grundfesten erbebt. (Frieda Grafe, Süddeutsche Zeitung, 10.10.1980)

LOVING COUPLES. Ein Walzer vor dem Frühstück. – USA 1980. – Regie: Jack Smight. – Buch: Martin Donovan. – Kamera: Philip Lathrop. – Schnitt: Grey Fox, Frank Urioste. –

THE TURNING POINT: Shirley MacLaine, Anne Bancroft

Musik: Fred Karlin. – Bauten: Jan Scott. – Produktion: Twentieth Century-Fox. – Produzent: Renee Valente. – Länge: 97 M. – Metrocolor. – Uraufführung: Toronto Film Festival, 4.9.1980. – Premiere New York: 24.10.1980, Cinema II und andere Theater. – Release: Oktober 1980. – Deutsche Erstaufführung: 1982 (Video). – Deutsche TV-Erstausstrahlung: 29.8.1995, Vox. – Darsteller: Shirley MacLaine, James Coburn, Susan Sarandon, Stephen Collins, Sally Kellerman, Nan Martin, Shelly Batt.

Ein Vier-Personen-Stück im Stil seichter Boulevardkomödien: Ein Ehepaar in den »besten Jahren« hat sich auseinandergelebt. Nur zu leicht gibt die Frau einem jüngeren gutaussehenden Häusermakler nach. Ihr Mann tröstet sich inzwischen mit dessen Freundin. Auch nachdem die beiden Verhältnisse bekannt werden, ist man weder zu Konsequenzen noch Einsichten in der Lage. Der alte Lebenswandel und die alten Eigenschaften der einzelnen übertragen sich auf die neuen Paare, bis sich schließlich die alten Probleme einstellen. So kehrt der ältere Ehemann wieder zu seiner Frau zurück, da ihre Liebe im Grunde nie erloschen war. (HPK [i.e. Horst Peter Koll], film-dienst, Nr. 26, 29.12.1982)

A CHANGE OF SEASONS. Jahreszeiten einer Ehe. – USA 1980. – Regie: Richard Lang. – Buch: Erich Segal, Ronni Kern, Fred Segal (nach einer Story von Erich Segal und Martin Ransohoff). – Kamera: Philip Lathrop. – Schnitt: Don Zimmerman. – Musik: Henry Mancini. – Song: Where Do You Catch the Bus for Tomorrow. – Bauten: Bill Kenney. – Ausstattung: Rick T. Gentz. – Produktion: Film Finance Group Ltd. / Martin Ransohoff Production für Twentieth Century-Fox. – Produzent: Martin Ransohoff. – Länge: 102 M. – DeLuxe Color. – Premiere New York: 19.12.1980, Gemini und andere Theater. – Release: Dezember 1980. – Deutsche Erstaufführung: 19.2.1981, in vielen Städten der BR Deutschland. – Darsteller: Shirley MacLaine, Anthony Hopkins, Bo Derek, Michael Brandon, Mary Beth Hurt, Ed(ward) Winter, Paul Regina.

Sie nennen es euphemistisch den zweiten Frühling, aber es ist schlicht Herbstlaub, was schwer auf ihren Gemütern lastet: die reifen Ehemänner, die sich an der Jugend einer Geliebten anzustecken bemühen. So wie Professor Adam Evans (Anthony Hopkins) an der Studentin Lindsey, der dann für dieses Phänomen von seiner Frau Karen (mit Shirley MacLaine fast unfair besetzt gegenüber der penetrant unbegabten Bo Derek als der Geliebten) Einsicht verlangt mit der Erklärung: »Männer sind nun mal anders. Sie können zwei Frauen auf einmal lieben.« Bald aber hat auch Karen einen jungen Freund (...) und eilt mit ihm in Adams und Lindseys Fußstapfen, die schließlich in die eheliche Skihütte führen. Dort kommt es – zumal sich auch noch die gemeinsame Tochter, deren Freund und Lindseys

Vater einstellen – zu turbulenten Konfliktlösungsversuchen, die einige amüsante Höhepunkte in den Wortgefechten der jeweils feindlichen Parteien finden. (Angelika Kaps, Der Tagesspiegel, 29.3.1981)

TERMS OF ENDEARMENT. Zeit der Zärtlichkeit. – USA 1983. – Regie: James L. Brooks. – Buch: James L. Brooks (nach einem Roman von Larry McMurtry). – Kamera: Andrzej Bartkowiak. – Schnitt: Richard Marks. – Musik: Michael Gore. – Bauten: Polly Platt. – Ausstattung: Harold Michelson, Sandy Veneziano. – Produktion: Paramount Pictures. – Produzenten: James L. Brooks, Martin Jurow, Penny Finkelman. – Länge: 130 M. – Metrocolor. – Premiere New York: 23.11.1983, Coronet und andere Theater. – Release: November 1983. – Deutsche Erstaufführung: 19.2.1984, Internationale Filmfestspiele Berlin (Wettbewerb: außer Konkurrenz), Zoo-Palast. – Kinostart: 6.4.1984. – Darsteller: Debra Winger, Shirley MacLaine, Jack Nicholson, Jeff Daniels, John Lithgow, Danny De Vito.

Zugegeben, mit der für Hollywoods Spitzenproduktionen selbstverständlichen Routine ist die dreißig Jahre umspannende Geschichte einer Beziehung zwischen Mutter und Tochter auf die Persönlichkeit der dominierenden Stars Shirley MacLaine zugeschnitten. Die Rolle einer Witwe, die ihre Tochter allein aufzieht und die auch nach deren Verheiratung ihre Vereinsamung dadurch zu überspielen versucht, daß sie ihre dominierende Stellung in der Beziehung verteidigt, bietet der Schauspielerin alle Möglichkeiten für komödiantische Kabinettstückchen. Leider verläßt der Film im letzten Drittel diese Linie eines amüsanten Wechselbades zwischen Haß und Zärtlichkeit und landet unversehens im Bereich ausweisloser Tragik, denn die Tochter erkrankt unheilbar an Krebs. (Günther Kriewitz, Stuttgarter Zeitung, 7.4.1984)

CANNONBALL RUN II. Highway 2 – Auf dem Highway ist wieder die Hölle los. – USA 1984. – Regie: Hal Needham. – Buch: Harvey Miller, Hal Needham, Albert Ruddy (basierend auf Charakterisierungen von Brock Yates). – Kamera: Nick McLean. – Schnitt: William Gordean, Carl Kress. – Musik: Al Capps. – Bauten: Thomas E. Azzari. – Ausstattung: Charles M. Graffo. – Produktion: Warner Bros. / Albert Ruddy Production / Golden Harvest Presentation. – Produzent: Albert Ruddy. – Länge: 108 M. – Technicolor. – Premiere New York: 29.6.1984, Movieland und andere Theater. – Release: Juni 1984. – Deutsche Erstaufführung: 23.8.1984, in vielen Städten der BR Deutschland. – Darsteller: Burt Reynolds, Dom DeLuise, Shirley MacLaine, Marilu Henner, Dean Martin, Sammy Davis, Jr., Telly Savalas, Frank Sinatra.

Eine Rallye von einem Ort zum anderen mag für viele Menschen allein fesselnd genug sein – nicht so für den Regisseur Hal Needham, der das pferdestärkenträchtige

Spektakel nur als Kette nimmt, eine Vielzahl strapaziöser Holzhammer-Gags darein zu schlingen. Da gibt es die Rituale um Geld, Whisky und schöne Frauen, die martialischen Moped-Rocker und die wirbelnden Karate-Clowns, die finsteren Mafia-Paten und den infantilen Scheich, den herrischen Autobahn-Bullen und den dressierten Affen – man hat sie alle schon gesehen, diese Archetypen unzähliger Komödien und Aktionsdramen, jeder von ihnen ein Fixstern in der amerikanischen Kinokultur. (Jürgen Richter, Frankfurter Allgemeine Zeitung, 21.8.1984)

MADAME SOUSATZKA. Madame Sousatzka. – GB 1988. – Regie: John Schlesinger. – Buch: Ruth Prawer Jhabvala, John Schlesinger (nach dem Roman von Bernice Rubens; ergänzende Motive von Peter Morgan, Mark Wadlow). – Kamera: Nat Crosby. – Schnitt: Peter Honess. – Musik: Gerald Gouriet. – Bauten: Luciana Arrighi. – Ausstattung: Ian Whittaker, Stephen Scott. – Produktion: Sousatzka Production / Cineplex Odeon Presentation für Universal Pictures. – Produzent: Robin Dalton. – Länge: 122 M. – Rank Color. – Uraufführung: 4.9.1988, Internationale Filmfestspiele Venedig (Wettbewerb). – Premiere New York: 14.10.1988, Baronet. – Release: Oktober 1988. – Deutsche Erstaufführung: 1.6.1989, in vielen Städten der BR Deutschland. – Darsteller: Shirley MacLaine, Navin Chowdhry, Peggy Ashcroft, Twiggy, Shabana Azmi, Leigh Lawson, Geoffrey Bayldon.

Madame Sousatzka ist Shirley MacLaine. Ihr Alter: 65; ihr Mund: ein Kindermund. Spitz und frech und drumherum die fleckige Haut einer alten Frau, die sich schminkt, als habe sie nach wie vor die Porzellanwangen eines jungen Mädchens, und die sich das Haar zu Löckchen dreht wie seinerzeit mit siebzehn. Die Augen sind dick und dunkel bemalt, damit sie strenger blicken können. Aber die Schminke macht die Augen nur kleiner und mildert die Strenge: Was da blitzt, ist eher kindlicher Trotz. Shirley MacLaines Gesicht erzählt Romane – und die Geschichte einer alten Frau, die Mädchen geblieben ist. Ein gezeichnetes Gesicht: Es ist sanft und verhärmt, verliebt und unerbittlich, naiv und altersweise, verschlossen und doch jedes Geheimnis preisgebend. Es füllt die Leinwand wie selten ein Gesicht in Großaufnahme, läßt sich studieren wie eine Totenmaske und bleibt dennoch unfaßbar. (Christiane Peitz, die tageszeitung, 1.6.1989)

STEEL MAGNOLIAS. Magnolien aus Stahl – Die Stärke der Frauen. – USA 1989. – Regie: Herbert Ross. – Buch: Robert Harling (nach seinem gleichnamigen Theaterstück). – Kamera: John A. Alonzo. – Schnitt: Paul Hirsch. – Musik: Georges Delerue. – Bauten: Gene Callahan, Edward Pisoni. – Ausstattung: Hub Braden, Michael Okowita. – Produktion: Rastar Production für Tri-Star Pictures. – Produzent: Ray Stark. – Länge: 118 M. – Technicolor. – Release: 15.11. 1989. – Deutsche Erstaufführung: 9.2.1990, Internationale Filmfestspiele Berlin (Wettbewerb: außer Konkurrenz), Zoo-Palast. – Kinostart: 15.3.1990. – Darsteller: Sally Field, Dolly Parton, Shirley MacLaine, Daryl Hannah, Olympia Dukakis, Julia Roberts, Tom Skerritt, Sam Shepard.

Der sentimentale und bis weit in den Kitsch hineingreifende Film (Lieblingsfarbe: Pink) erzählt von den letzten zwei Lebensjahren der jungen Shelby (Julia Roberts mit ausdrucksstarker Oberlippe). (...) Eingebunden ist das tränensichere Drama in eine Rahmengeschichte um fünf Frauen aus Shelbys näherer Umgebung. Ihre emotions- und willensstarke Mutter (Energiebündel: Sally Field), deren Freundin Truvy (Dolly Parton als Toupier-Wunder), ihre junge Assistentin Annelle (Daryl Hannah als häßliches Entlein) sowie die beiden Witwen Clairee Belcher (abgeklärt: Olympia Dukakis) und Ouiser Boudreaux (als Schreckschraube mit Herz: Shirley MacLaine) bilden die Fünferbande, die sich in Truvys Frisiersalon zur Gesichts- wie Seelenrenovierung treffen. [D]ie Kämpfe, in die sich Shirley MacLaine als radikale Alte (wenn es keine Mißverständnisse produzierte, könnte man sagen: Pink Panther) mit fast allen Hauptfiguren verstrickt, verleihen dem Film dank ihres klamaukigen Charmes fast die Qualität einer sanften Satire auf die amerikanische Kleinstadtidylle. (Dietrich Leder, Kölner Stadt-Anzeiger, 17./18.3.1990)

WAITING FOR THE LIGHT. Zeichen und Wunder. – USA 1989/90. – Regie: Christopher Monger. – Buch: Christopher Monger. – Kamera: Gabriel Beristain. – Schnitt: Eva Gardos. – Musik: Michael Storey. – Bauten: Phil Peters. – Produktion: Epic Productions and Sarlui / Edward R. Pressman Production / Diamant Presentation für Triumph. – Produzent: Ron Bozman, Caldecott Chubb. – Länge: 90 M. – Farbe. – Uraufführung: 17.2.1990, Internationale Filmfestspiele Berlin (Panorama), Atelier am Zoo. – Deutscher Kinostart: 7.6.1990. – Release in den USA: 2.11.1990. – Darsteller: Shirley MacLaine, Teri Garr, Hillary Wolf, Colin Baumgartner, Clancy Brown, Vincent Schiavelli.

Was heute aussieht wie ein kosmisches Ballett, war 1962 voller Ernst. Amerika probte den Zivilschutz: Duck and Cover, denn der Kommunismus hatte vom kubanischen Brückenkopf aus seinen Schatten auf die Freistatt des Kapitalismus gesenkt. (...) Vor dieser apokalyptischen Kulisse plazierte Christopher Monger eine Komödie, die mit den Heilserwartungen krisengeschüttelter Amerikaner spekuliert. Dort, wo die Politik mit Erfolg auf sich warten läßt, ist wenigstens Tante Zena mit Zeichen und Wundern zur Stelle. Die Zirkusluft sitzt der nicht ganz gesellschaftsfähigen Dame – von Shirley MacLaine mit souveräner Grandezza gespielt – noch fest in den Knochen. (S.C. [i.e. Sabine Carbon], Der Tagesspiegel, 14.6.1990)

Two Loves: Shirley MacLaine, Laurence Harvey

USED PEOPLE: Marcello Mastroianni, Shirley MacLaine

POSTCARDS FROM THE EDGE. Grüße aus Hollywood. – USA 1990. – Regie: Mike Nichols. – Buch: Carrie Fisher (nach ihrem gleichnamigen Roman). – Kamera: Michael Ballhaus. – Schnitt: Sam O'Steen. – Musik: Carly Simon. – Bauten: Patrizia von Brandenstein. – Ausstattung: Kandy Stern, Chris A. Butler. – Produktion: Columbia Pictures. – Produzenten: Mike Nichols, John Calley. – Länge: 101 M. – Technicolor. – Release: 12.9.1990. – Deutsche Erstaufführung: 10.1.1991, in vielen Städten der BR Deutschland. – Darsteller: Meryl Streep, Shirley MacLaine, Dennis Quaid, Gene Hackman, Richard Dreyfuss, Rob Reiner, Mary Wickes, Conrad Bain, Annette Bening, Simon Callow, Gary Morton, Dana Ivey.

Der Grabenkrieg zwischen den Generationen ist bei zwei ebenso unterschiedlichen wie grandiosen Schauspielerinnen hervorragend verteilt: Meryl Streep spielt die labile Tochter auf der einen Seite schlagfertig und mit durchaus wachem Blick für die falsche Glamourwelt um sich herum, auf der anderen Seite hilflos der Übermutter ausgeliefert (...). Die wird von Shirley MacLaine mit dem ganzen Arsenal der Schrullig- und der Eitelkeiten des Metiers ausgestattet; wunderbar die Szene, in der sie ein Fest zur Genesung der Tochter arrangiert und sich dann ganz zwangsläufig oder eher zwanghaft wieder mit einer Showeinlage in den Vordergrund spielt. (Inge Bongers, Spandauer Volksblatt, 10.1. 1991)

DEFENDING YOUR LIFE. Rendezvous im Jenseits – eine himmlische Komödie über das Leben danach. – USA 1990/91. – Regie: Albert Brooks. – Buch: Albert Brooks. – Kamera: Allen Daviau. – Schnitt: David Finfer. – Musik: Michael Gore. – Bauten: Ida Random. – Ausstattung: Richard Reynolds, Martha Johnston. – Produktion: Geffen Film Co. Presentation für Warner Bros. – Produzent: Michael Grillo. – Länge: 112 M. – Technicolor. – Release: 22.3.1991. – Deutsche Erstaufführung: 30.4.1992, in vielen Städten der BR Deutschland. – Darsteller: Albert Brooks, Meryl Streep, Rip Torn, Lee Grant, Buck Henry, Michael Durrell, James Eckhouse, Shirley MacLaine.

Gibt es ein Leben nach dem Tode? Das Christentum sagt »ja«, der Nihilismus »nein«. Auch Hollywood sagt »ja«, doch ist das längst kein Grund zur Freude. Denn was Albert Brooks in seiner utopischen Jenseitssatire präsentiert, ist das pure Gegenteil dessen, was wir uns in hoffnungsvollsten Träumen vorzustellen wagten: Das Leben danach ist so wie das Leben zuvor, Brooks' Paradies nichtssagend wie eine mediokre Existenz. (Claudia Wefel, Frankfurter Allgemeine Zeitung, 16.5.1992). – Shirley MacLaine hat in Albert Brooks' Film einen kurzen Auftritt als eine moderierende »Gute Fee« im »Pavillon vergangener Leben« (»Past Lives Pavillion«), wo sich die Verstorbenen, die zwischen ihren »Defending Your Life«-Terminen entspannen wollen, mit

ihren früheren Inkarnationen konfrontieren können: auf einer Großbildleinwand. Im Nachspann erscheint Shirley MacLaine als Shirley MacLaine.

USED PEOPLE. Die Herbstzeitlosen. – USA 1992. – Regie: Beeban Kidron. – Buch: Todd Graff (nach seinem Off-Broadway-Stück »The Grandma Plays«). – Kamera: David Watkin. – Schnitt: John Tintori. – Musik: Rachel Portman. – Bauten: Stuart Wurtzel. – Produktion: Largo Entertainment / JVC Entertainment / Lawrence Gordon Presentation für Twentieth Century-Fox. – Produzent: Peggy Rajski. – Länge: 115 M. – Duart Color, Deluxe Prints. – Release: 16.12.1992. – Deutsche Erstaufführung: 21.2.1993, Internationale Filmfestspiele Berlin (Wettbewerb: außer Konkurrenz), Zoo-Palast. – Kinostart: 15.4.1993. – Darsteller: Shirley MacLaine, Kathy Bates, Jessica Tandy, Marcello Mastroianni, Marcia Gay Harden, Sylvia Sidney, Joe Pantoliano, Mathew Branton, Bob Dishy.

»The sky fell down when I met you ...« Mit einem Blick aus der Ferne hat es 1946 begonnen, mit einer Melodie und einem Tanz. Ein Mann hat seine Frau und seine Familie verlassen wollen, und ein anderer, sein bester Freund, hat es ihm ausgeredet; nun beobachtet der, von der nächtlichen Straße aus, durchs Fenster, wie in der engen Küche der Mann mit seiner Frau zu tanzen beginnt. In diesem Moment wird eine neue Liebe geboren, unsterblich verliebt sich da Joe Meledrandi (Marcello Mastroianni) auf der Straße in Jack Bermans Frau Pearl (Shirley MacLaine), aber erst 23 Jahre später, bei der Schiwe für Jack, wird er seine Werbung um sie beginnen. (Fritz Göttler, Süddeutsche Zeitung, 19.4.1993)

WRESTLING ERNEST HEMINGWAY. Walter & Frank – Ein schräges Paar. – USA 1993. – Regie: Randa Haines. – Buch: Steve Conrad. – Kamera: Lajos Koltai. – Schnitt: Paul Hirsch. – Musik: Michael Convertino. – Bauten: Waldemar Kalinowski. – Ausstattung: Alan E. Muraoka, Carlos Arditti. – Produktion: Joe Wizan / Todd Black Production für Warner Bros. – Produzenten: Todd Black, Joe Wizan. – Länge: 122 M. – Technicolor. – Release: 17.12.1993. – Deutsche Erstaufführung: 9.12.1994 (Video). – Deutsche TV-Erstausstrahlung: 4.1.1996, premiere. – Darsteller: Robert Duvall, Richard Harris, Shirley MacLaine, Sandra Bullock.

Der eine, Walter, ist ein in Florida gestrandeter Kubaner, ehemaliger Friseur, einer der Stillen im Lande, dessen alte Tage mit der Routine eines verläßlichen Uhrwerks ablaufen. Aus der Ferne bewundert er die hübsche freundliche Kellnerin eines Coffee Shops, der zuliebe er täglich das gleiche ungesunde Sandwich bestellt. Kreuzworträtsel, die er auf einer Parkbank zu lösen versucht, sind seine einzige Beschäftigung. Er weiß, daß er kein schlechter Tänzer ist; doch da er sich Frauen nicht zu nähern wagt, übt er lieber im geheimen. Der andere, Frank, ist das genaue Gegenteil, ein extrovertierter Seemann, der sich nicht genug tun kann, jedem zu erzählen, wie er einst in besseren Tagen Ernest Hemingway im Ringkampf besiegt habe, und der auch im hohen Alter noch täglich Liegestütz absolviert und jeder halbwegs attraktiven Frau nachstellt. (Franz Everschor, film-dienst, Nr. 1, 3.1.1995). – Shirley MacLaine ist in Randa Haines' Film die resolut-patente Helen, eine einsame und unabhängige ältere Frau, die das heruntergekommene Motel leitet, in dem Frank (Richard Harris) ein Appartement gemietet hat.

GUARDING TESS. Tess und ihr Bodyguard. – USA 1994. – Regie: Hugh Wilson. – Buch: Hugh Wilson, Peter Torokvei. – Kamera: Brian J. Reynolds. – Schnitt: Sidney Levin. – Musik: Michael Convertino. – Bauten: Peter Larkin. – Ausstattung: Charley Beal, Leslie Rowlings. – Produktion: Channel Production für TriStar Pictures. – Produzent: Ned Tanen, Nancy Graham Tanen. – Länge: 96 M. – Technicolor. – Release: 11.3.1994. – Deutsche Erstaufführung: 19.9.1995 (Video). – Deutsche TV-Erstausstrahlung: 10.10.1996, pre-miere. – Darsteller: Shirley MacLaine, Nicolas Cage, Austin Pendleton, Edward Albert, James Rebhorn, Richard Griffiths.

Man nehme Ikonen der Regenbogenpresse und der allgemeinen Fernsehneugier – in diesem Falle eine First Lady und einen Secret-Service-Agenten – und nichts kann mehr schiefgehen, besetzt man die beiden Parts auch noch mit populären Hollywood-Stars. Denkste! Alles kann schief-gehen, zumindest mit einem Drehbuch von stupider Einfallslosigkeit und einem Regisseur, dessen lange Durch-hänger bestenfalls auf temporäre Abwesenheit während der Dreharbeiten schließen lassen. Shirley MacLaine und Nicolas Cage tun ihr Bestes (…). Shirley MacLaine als Witwe eines amerikanischen Präsidenten [läßt] den zu ihrem Schutz abgeordneten Secret-Service-Mann Abstand, Hoch-mut und Eigensinn spüren. (…) Nach einer Kette von mehr oder weniger albernen Käbbeleien entdecken beide die Achtung für den anderen. (Ev. [i.e. Franz Everschor], film-dienst, Nr. 18, 29.8.1995)

MRS. WINTERBOURNE. Mrs. Winterbourne. – USA 1995/96. – Regie: Richard Benjamin. – Buch: Phoef Sutton, Lisa-Marie Radano (nach dem Roman »I Married a Dead Man« von Cornell Woolrich). – Kamera: Alex Nepomniaschy. – Schnitt: Jacqueline Cambas, William Fletcher. – Musik: Patrick Doyle. – Bauten: Evelyn Sakash. – Ausstattung: Dennis Davenport, Casey Hallenbeck. – Produktion: A & M Films Production für TriStar Pictures. – Produzenten: Dale Pollock, Ross Canter, Oren Koules. – Länge: 104 M. – Tech-nicolor. – Release: 18.4.1996. – Premiere New York: 19.4. 1996. – Deutsche Erstaufführung: 17.12.1996 (Video). – Darsteller: Shirley MacLaine, Ricki Lake, Brendan Fraser,

Miguel Sandoval, Loren Dean, Peter Gerety, Cathryn de Prume.

Connie Doyle ist achtzehn Jahre alt, schwanger, mittel- und obdachlos, als ihr das große Glück begegnet. Durch eine schier märchenhafte Verkettung von Zufällen wird sie nach einem Eisenbahnunglück als vermeintliche Mrs. Patricia Winterbourne geborgen und mit ihrem Kind von der Millionärin Grace Winterbourne als Schwiegertochter in die luxuriöse Familienvilla gebeten. Zwar plagen Connie durchaus Gewissensbisse bei dem Gedanken an die echte Patricia, die bei dem Unglück mit ihrem ungeborenen Kind und ihrem Mann Hugh ums Leben gekommen ist; auch hat sie einige Schwierigkeiten, die neue Rolle glaubwürdig zu verkörpern; und schließlich taucht gar, in erpresserischer Absicht, der Vater ihres Kindes auf, der sie zuvor rüde aus der Wohnung geworfen hat. (dkr, film-dienst, Nr. 4, 18.2. 1997). – Shirley MacLaine spielt die verwitwete Millionärin Grace, eine selbstbewußte, nonchalante Lady, ein ehema-liges Show-Girl, deren unkonventionelle Lebenseinstellung – sie ist der Meinung, daß Frauen wie sie und Connie den *sophisticated* Winterbournes nur gut tun können – ihrer Schwiegertochter im ungewohnten Milieu den Weg ebnet. Gemeinsam besingen die beiden bei einer Gartenparty »The Sunny Side of the Street«.

THE EVENING STAR. Jahre der Zärtlichkeit. – USA 1996. – Regie: Robert Harling. – Buch: Robert Harling (nach dem Roman von Larry McMurtry). – Kamera: Don Burgess. – Schnitt: Priscilla Nedd-Friendly, David Moritz. – Musik: William Ross. – Bauten: Bruno Rubeo. – Ausstattung: Richard L. Johnson, Rick Simpson. – Produktion: David Kirk-patrick Production / Rysher Entertainment Presentation für Paramount Pictures. – Produzenten: David Kirkpatrick, Polly Platt, Keith Samples. – Länge: 128 M. – DeLuxe Color. – Premiere New York: 25.12.1996. – Deutsche Erstauf-führung: 24.4.1997, in vielen Städten der BR Deutschland. – Darsteller: Shirley MacLaine, Bill Paxton, Juliette Lewis, Miranda Richardson, Ben Johnson, Scott Wolf.

Gut zwölf Jahre ist es jetzt her, daß TERMS OF ENDEAR-MENT mit seiner unverschämt gelungen kalkulierten Mischung aus Humor und Sentiment, aus dem gerührten Schmunzeln und dem heftigen Kloß im Hals Zuschauer wie Juries im Sturm eroberte. (…) Nun also die Fortsetzung, die die Fäden geschickt aufnimmt (…). Der Abendstern geht über dem Lebensabend jenes zärtlichen Muttertieres namens Aurora Greenway auf: Nunmehr als perfekte Superoma läßt sie allen Figuren ringsum noch kaum Luft zum Atmen. Darunter leiden ihre Enkel, ihre Nachbarn, ihre treue Perle Rosie, speziell jedoch ihre geliebte Feindin Patsy, beste Freundin der verstorbenen Tochter Emma und verhaßte Lady Immerdabei. Resolut, koboldig, zart oder aggressiv spielt Shirley MacLaine alle Facetten ihrer Oma ins

MRS. WINTERBOURNE: Shirley MacLaine

Hellblaue aus. (Dieter Strunz, Berliner Morgenpost, 24.4.1997)

A SMILE LIKE YOURS. USA 1997. – Regie: Keith Samples. – Buch: Kevin Meyer, Keith Samples. – Kamera: Richard Bowen. – Schnitt: Wayne Wahrman. – Musik: William Ross. – Bauten: Garreth Stover, Chris Cornwell. – Produktion: David Kirkpatrick Production/Rysher Entertainment Presentation für Paramount Pictures. – Produzenten: David Kirkpatrick, Tony Amatullo. – Länge: 98 M. – Deluxe Color. – Premiere New York: 22.8.1997. – Release: August 1997. – Darsteller: Greg Kinnear, Lauren Holly, Joan Cusack, Jay Thomas, Jill Hennessy, Shirley MacLaine.

Eine Komödie über ein modernes junges Ehepaar – Danny und Jennifer –, das gerne ein Baby bekommen möchte. – Shirley MacLaine makes a brief very funny appearance as Danny's bluntspoken mother-in-law. MacLaine is not billed in the credits, for which she doubtless will be eternally grateful. (Joe Leydon, Variety, 25.-31.8.1997)

As Herself

YEAR OF THE WOMAN. Das Jahr der Frau. – USA 1973. – Regie und Buch: Sandra Hochman. – Kamera: Claudia Weill, Juliana Wang, Jean Luyat. – Schnitt: Patricia Powell, Eden Williams. – Produktion: The Year of the Woman Company. – Produzenten: Porter Bibb, Steve Ornstein. – Länge: 82 M. – Farbe. – Aufführung: 6.8.1973, Internationales Filmfest Locarno. – Premiere New York: 19.10.1973, Fifth Avenue Cinema. – Deutsche Erstaufführung: 27.6.1973, Internationale Filmfestspiele Berlin (Internationales Forum des Jungen Films), Atelier am Zoo. – Mit: Bella Abzug, Warren Beatty, Shirley MacLaine, Norman Mailer, George McGovern, Gloria Steinem, Shirley Chisholm u.v.a.

Vor dem Hintergrund eines 42-Millionen-Dollar-Bühnenbildes, nämlich dem Kongreß der Demokratischen Partei in Miami Beach 1972, hat Sandra Hochman einen Film gemacht, der eine Satire auf den sich in Politik und der ganzen Gesellschaft immer mehr ausbreitenden Sexismus darstellt. (Produktionsmitteilung. Zitiert nach: Internationales Forum des Jungen Films, Informationsblatt Nr. 25, Berlin 1973). – Plötzlich spreche ich mit Shirley MacLaine. Sie spricht mit mir über das wichtigste Problem, dem sich die Welt heute ihrer Meinung nach gegenüber sieht, die Überbevölkerung. (Sandra Hochman zitiert nach: Internationales Forum des Jungen Films, Informationsblatt Nr. 25, Berlin 1973)

SOIS BELLE ET TAIS-TOI. – Frankreich 1977/1981. – Regie: Delphine Seyrig. – Produktion/Produzentin: Delphine Seyrig. – Länge: 115 M. – Video-Dokumentation, Schwarzweiß.

– Aufführung: 4.3.1981, Paris. – Mit: Jill Clayburgh, Marie Dubois, Juliette Berto, Jane Fonda, Shirley MacLaine u.v.a.

»Sei schön und halte den Mund« lautet der übersetzte Titel der Video-Dokumentation von Delphine Seyrig, in der sie Kolleginnen über ihre schauspielerische Arbeit und den Sexismus, dem sie im Beruf ausgesetzt sind, befragt.

THE CELLULOID CLOSET. – USA 1995. – Regie: Robert Epstein, Jeffrey Friedman. – Buch: Robert Epstein, Jeffrey Friedman, Sharon Wood (nach einer Erzählung von Armistead Maupin). – Kamera: Nancy Schreiber. – Schnitt: Jeffrey Friedman, Arnold Glassman. – Musik: Carter Burwell. – Ausstattung: Scott Chamliss. – Produktion: Telling Pictures Production. – Produzenten: Robert Epstein, Jeffrey Friedman. – Länge: 102 M. – Schwarzweiß und Farbe. – Aufführung: 5.9.1995, Internationale Filmfestspiele Venedig. – Deutsche Erstaufführung: 16.2.1996, Internationale Filmfestspiele Berlin (Internationales Forum des Jungen Films), Babylon. – Erzählerin: Lily Tomlin. – Mit: Shirley MacLaine, Susan Sarandon, Whoopi Goldberg, Tony Curtis, John Schlesinger u.v.a.

THE CELLULOID CLOSET ist ein witziger Streifzug durch die Geschichte der Homosexualität im (Hollywood-)Film – von ersten Freiheiten in den 20er Jahren über die Jahrzehnte der Tabuisierung, als höchstens versteckte Andeutungen in Filme »eingeschmuggelt« werden konnten, bis zur Gegenwart. Zahlreiche Filmszenen und Interviews mit Filmschaffenden machen deutlich, wie sich nach und nach der Umgang mit dem Thema Homosexualität veränderte und in welch enger Wechselbeziehung Film und Gesellschaft seit jeher stehen. (Christian Seebaum, Kölner Stadt-Anzeiger, 26.2.1996)

Als Regisseurin, Produzentin, Drehbuchautorin

THE OTHER HALF OF THE SKY: A CHINA MEMOIR. China-Report. – USA 1973/1975. – Regie: Shirley MacLaine, Claudia Weill. – Buch: Shirley MacLaine. – Kamera: Claudia Weill, Joan Weidman. – Beleuchtung: Nancy Shreiber. – Schnitt: Aviva Slesin, Claudia Weill. – Ton: Cabell Glickler. – Produktion: Shirley MacLaine Production. – Produzentin: Shirley MacLaine. – Länge: 74 M. – Dokumentarfilm, Farbe. – Premiere New York: 12.3.1975, Whitney Museum of American Art; TV: 15.4.1975, PBS. – Deutsche Erstaufführung: 14.4.1976, ARD. – Die Delegation: Shirley MacLaine, Unita Blackwell, Patricia Branson, Rosa Martin, Ninibah Crawford, Karine Boutilier, Phyllis Kronhausen, Margaret Whitman und das technische Team. – Anmerkung: Nach einigen Quellen soll der Dokumentarfilm bereits im April 1974 auf dem Festival International du Film in Cannes gelaufen sein.

Im April/Mai 1973 sahen zwölf amerikanische Frauen »die andere Seite des Himmels« in China. Prominent nur eine: die Schauspielerin Shirley MacLaine, seit McGoverns Wahlkampf gegen Nixon auch politisch engagiert; die andern eher ein Taschenspiegel der USA: Schreibkraft und Hausfrau, Pfarrerstochter (12) und Soziologin (60), weiß und farbig, aus Boston, Georgia, Puerto Rico und dem Navajo-Reservat, konservativ und liberal. Sie wollten die Rolle der Frau im chinesischen Alltag beobachten und darüber berichten. Shirley MacLaines »China-Report« schockierte die USA, wie vorher Jane Fondas Hanoi-Besuch sie schockiert hatte. (Joachim Schickel, Die Zeit, 23.4.1976)

BRUNO. – USA 1998. – Regie: Shirley MacLaine. – Buch: David Ciminello. – Kamera: Jan Klesser. – Schnitt: Bonnie Koehler. – Bauten: Burton Rencher. – Produktion: David Kirkpatrick Production für J&M Entertainment. – Produzent: David Kirkpatrick. – Länge: ca. 90 M. – Uraufführung: Anfang 1999. – Darsteller: Alex Linz, Shirley MacLaine, Gary Sinise, Joey Lauren Adams, Kathy Bates.

Erzählt wird die Geschichte des achtjährigen Bruno, der sich wünscht, ein Engel zu sein. Neben der Regie übernimmt Shirley MacLaine auch die Rolle der Großmutter. Befragt, warum sie so begeistert dem Filmprojekt zugestimmt hat, antwortet der Produzent David Kirkpatrick: »I think in traditional Christianity, we view the afterlife as being where heaven is or where suffering is, and I think in the new-age movement, which Shirley dealt with – created, really – in her books, heaven is what you make it right here on earth. (...) You see Shirley's personality in BRUNO in every way: as a comedian, as an artist, as a thoughtful student and as a teacher.« (Preview, Nr. 36, November/Dezember 1998)

Footage/FilmZitate

THAT'S DANCING! That's Dancing. – USA 1985. – Regie und Buch: Jack Haley, Jr. – Kamera: Andrew Laszlo, Paul Lohmann. – Schnitt: Bud Friedgen, Michael J. Sheridan. – Musik: Henry Mancini. – Produzenten: David Niven, Jr., Jack Haley, Jr. – Produktion: Metro-Goldwyn-Mayer Presentation für Metro-Goldwyn-Mayer und United Artists. – Länge: 105 M. – Metrocolor und Schwarzweiß. – Premiere New York: 18.1.1985, Loew's Tower East und andere Theater. – Release: Januar 1985. – Deutsche Erstaufführung: 17.5.1985, Düsseldorf, Lichtburg. – Mit: Gene Kelly, Sammy Davis, Jr., Mikhail Baryshnikov, Liza Minnelli, Ray Bolger. – Filmausschnitte: SO THIS IS PARIS (1926), 42ND STREET (1933), THE GAY DIVORCEE (1934), THE WIZARD OF OZ (1940), THE RED SHOES (1948), SINGIN' IN THE RAIN (1952), SWEET CHARITY (1968), WEST SIDE STORY (1961), SATURDAY NIGHT FEVER (1977), THE TURNING POINT (1977), FAME (1980).

Tanzfilm-Kompilation von den Anfängen der Kinematographie bis zu den Videoclips Anfang der achtziger Jahre. Shirley MacLaine ist zusammen mit Chita Rivera und Paula Kelly in der Tanznummer »There's Gotta Be Something Better than This« aus dem Bob Fosse-Film SWEET CHARITY zu sehen.

FLUBBER. – USA 1997. – Regie: Les Mayfield. – Buch: John Hughes, Bill Walsh (nach der Story »A Situation of Gravity« von Samuel W. Taylor, basierend auf Walt Disneys THE ABSENT MINDED PROFESSOR, USA 1961, Drehbuch von Bill Walsh). – Kamera: Dean Cundey. – Schnitt: Harvey Rosenstock, Michael A. Stevenson. – Musik: Danny Elfman. – Bauten: Andrew McAlpine. – Produktion: Walt Disney Pictures / Great Oaks Entertainment. – Produzenten: John Hughes, Ricardo Mestres. – Länge: 93 M. – Panavision, Technicolor. – Release: November 1997. – Deutsche Erstaufführung: 19.3.1998, in vielen Städten der BR Deutschland. – Darsteller: Robin Williams, Marcia Gay Harden, Christopher McDonald, Raymond J. Barry, Clancy Brown. – Filmausschnitte: SNOW WHITE AND THE SEVEN DWARFS (1937), DONALD'S BETTER SELF (1938), GOOFEY'S GLIDER (1940), DUMBO (1941), HOW TO BE A SAILOR (1944), COPACABANA (1947), CINDERELLA (1950), ALICE IN WONDERLAND (1951), SOME CAME RUNNING (1958), WHO FRAMED ROGER RABBIT (1988), THE SIMPSONS (1989).

FLUBBER transportiert eine beunruhigende Botschaft: Maschinen sind die besseren Menschen. Zum Beispiel Weebo, ein fliegender – und sprechender Computer, der seine Gefühle in Form von Filmzitaten auf seinem Bildschirm veranschaulicht. Er ist Brainard zugetan wie kein menschliches Wesen, einschließlich der angesichts mehrerer geplatzter Hochzeitstermine frustrierten Sara (Marcia Gay Harden). (Dietmar Kanthak, epd Film, Nr. 3, März 1998). – Die kompromißlos-hingebungsvolle Liebe, die der Computer Weebo seinem Erschaffer, Professor Brainard, gegenüber empfindet, äußert die Maschine mit Hilfe von Filmauschnitten aus SOME CAME RUNNING. Immer wenn Shirley MacLaines Ginny auf ihrem Display erscheint, wird sie über das Zitat hinaus zum Synonym bedingungsloser Liebe ›ikonographiert‹.

Videoproduktionen

REINCARNATION – COMING BACK. – USA (o. J.). – Produktion: Tapeworm Video. – Länge: 43 M. – Mit: Dennis Weaver, Marilu Henner, Shirley MacLaine. – Die Interviewten erklären, warum sie an Inkarnation glauben.

SHIRLEY MACLAINE'S INNER WORKOUT. Shirley MacLaine – Die Reise nach innen: Gymnastik für die Seele. Ein

BRUNO: Shirley MacLaine, Alex Linz

Programm zum Abbau von Stress und Entspannen durch Meditation. – USA 1988. – München: Concorde Video 1990. – Regie: Michael Wiese. – Schnitt: Barry Cohen, Peter Moyer. – Produzent: Michael Wiese. – Ausführende Produzentin: Bella Abzug. – Produktion: Higher Self Seminars. – Länge: 70 M. – Mit: Shirley MacLaine.

YOU'RE THE TOP! THE COLE PORTER STORY. – USA 1990. – Regie und Buch: Allan Albert. – Schnitt: Brian Williams. – Produzent: Kirk D'Amico. – Produktion: WinStar Home Entertainment. – Länge: 56 M. – Mit: Bobby Short (Gastgeber), Bob Hope, Gene Kelly, Linda Ronstadt, Douglas Fairbanks, Jr., Fred Astaire, Frank Sinatra, Bing Crosby, Judy Garland, Shirley MacLaine.

SHIRLEY MACLAINE. KICKING UP HER HEELS. – USA 1996. – Regie und Buch: Gene Feldman. – Produktion: Wombat Production. – Mit: John Hopkins, Nicolas Cage, Jack Lemmon, John Forsythe, Herbert Ross, Robert Wise, Robert Harling, Bella Abzug. – Filmausschnitte: AROUND THE WORLD IN 80 DAYS (1956), SOME CAME RUNNING (1958), THE APARTMENT (1960), SWEET CHARITY (1968/69), TERMS OF ENDEARMENT (1983), STEEL MAGNOLIAS (1989), THE EVENING STAR (1996). – Porträt über Shirley MacLaine.

Fernsehen

THE BOB HOPE SHOW. – 1.2.1955, NBC.

SHOWER OF STARS. – 17.2.1955, CBS. – Episode THAT'S LIFE.

EASTER SEAL TELEPARADE OF STARS. – 2.4.1955, CBS.

THE SHEILAH GRAHAM SHOW. – 6.4.1955, NBC.

TODAY. – 27.7.1955, NBC. – Interview mit Shirley MacLaine.

THE CHEVY SHOW STARRING ETHEL MERMAN. – 6.12.1955, NBC.

THE GEORGE GOBEL SHOW. – 21.4.1956, NBC.

TONIGHT. – 17.10.1956, NBC. – Direktschaltung während der Sendung ins Rivoli Theatre in New York anläßlich der Premiere von AROUND THE WORLD IN 80 DAYS. Interview mit Shirley MacLaine.

THE CHEVY SHOW STARRING DINAH SHORE. – 30.11.1956, NBC.

THE STEVE ALLEN SHOW. – 30.12.1956, NBC. – Interview mit Shirley MacLaine zur Hollywood-Premiere von AROUND THE WORLD IN 80 DAYS.

IT COULD BE YOU. – 20.3.1957, NBC.

THE CHEVY SHOW – »The Dinah Shore Show«. – 22.3. 1957, NBC.

THE CHEVY SHOW – »The Pat Boone and Shirley MacLaine Show«. – 2.6.1957, NBC.

THE DINAH SHORE CHEVY SHOW. – 3.11.1957, NBC.

THE CHEVY SHOW STARRING NANETTE FABRAY. – 8.12. 1957, NBC.

THE CHEVY SHOW STARRING TOM EWELL. – 5.1.1958, NBC.

THE DINAH SHORE CHEVY SHOW. – 9.3.1958, NBC.

THE THIERTIETH ANNUAL ACADEMY AWARDS OSCAR TELECAST. – 26.3.1958, NBC. – Im Show-Block Auftritt von Shirley MacLaine mit einem Medley verschiedener Songs.

EMMY AWARDS. – 15.4.1958, NBC. – Auftritt im Show-Block.

THE CHEVY SHOW STARRING SHIRLEY MACLAINE. – 25.5. 1958, NBC.

THE DINAH SHORE CHEVY SHOW. – 8.6.1958, NBC.

THE CHEVY SHOW STARRING SID CEASAR. – 2.11.1958, NBC.

THE DINAH SHORE CHEVY SHOW. – 14.12.1958, NBC.

KTLA ARCHIVES, LOS ANGELES: Nikita Khrushchev visits set of the film CAN-CAN. – KTLA-TV 1959. – Während seiner USA-Reise besucht der russische Premier Chruschtschow die Fox-Studios und unterhält sich bei den Dreharbeiten zu CAN-CAN unter anderem mit Shirley MacLaine.

THE CHEVY SHOW STARRING SHIRLEY MACLAINE. – 1.2. 1959, NBC.

PERSON TO PERSON. – 6.3.1959, CBS. – Länge: 30 M. – Edward R. Murrow interviewt Shirley MacLaine, Ehemann Steve Parker und Tochter Stephanie Sachiko in ihrem Haus in Royal Oaks, Kalifornien.

THE JACK PAAR SHOW. – 19.11.1959, NBC. – Zu Gast: Shirley MacLaine und Steve Parker, die sich für japanische Taifun-Opfer einsetzen.

THE JACK PAAR SHOW. – 24.11.1959, NBC.

HERE'S HOLLYWOOD. – 18.4.1961, NBC.

HOLLYWOOD AND THE STARS. – 20.4.1964, NBC. – Länge: 30 M. – Musik: Jack Tiller. – Produzent: David L. Wolper. – Erzähler: Joseph Cotton. – Mit: Robert Mitchum, Shirley MacLaine, Gene Kelly, Dean Martin, Paul Newman, Dick Van Dyke, J. Lee Thompson. – Eine TV-Folge der »Behind-the-Scenes«-Sendung. Eindrücke von den Dreharbeiten zu WHAT A WAY TO GO!

WEDNESDAY NIGHT AT THE MOVIES. – 23.9.1964, NBC. – Zu Gast: Shirley MacLaine anläßlich ihrer Rolle als Sharon Kensington in CAREER.

SATURDAY NIGHT AT THE MOVIES. – 14.11.1964, NBC. – Zu Gast: Shirley MacLaine anläßlich ihrer Rolle als Ginny in SOME CAME RUNNING.

TUESDAY NIGHT AT THE MOVIES. – 15.3.1966, NBC. – Zu Gast: Shirley MacLaine anläßlich ihrer Rolle als Anna Vorontosow in TWO LOVES.

WEDNESDAY NIGHT AT THE MOVIES. – 17.3.1965, NBC. – Zu Gast: Shirley MacLaine anläßlich ihrer Rolle als Virginia in HOT SPELL.

DEMOCRATIC NATIONAL CONVENTION. – 26., 28., 29.8.1968, CBS. – Interviews mit Shirley MacLaine unter anderem über die Vorgänge während des Demokraten-Kongresses in Chicago. – Nach dem Attentat auf Bobby [i.e. Robert F. Kennedy] rief mich George McGovern an. (...) George sagte, jemand müßte den Stab des Kennedy-Vermächtnisses aufnehmen und ihn tragen. Er würde dieser Jemand sein und die Kennedy-Delegation beim Parteitag anführen. Das war 1968 in Chicago. (...) Die Geschichte der Konferenz von 1968 ist bereits hinreichend dokumentiert, aber von meinem Standpunkt aus betrachtet, war es eine Zeit, in der der Unterschied zwischen der menschlichen demokratischen Praxis und ihrem Gegenteil deutlich wurde. (Shirley MacLaine: Glückssterne. Mein Leben. München: Goldmann 1996, S. 260/261)

DEMOCRATIC NATIONAL CONVENTION FROM CHICAGO. – 26.8.1968, NBC. – Edwin Newman interviewt Shirley MacLaine.

TODAY. – 28.8.1968, NBC. – Interview mit Shirley MacLaine in ihrer Funktion als Delegierte von Kalifornien beim Demokratischen Nationalkonvent.

TUESDAY NIGHT AT THE MOVIES. – 8.10.1968, NBC. – Zu Gast: Shirley MacLaine anläßlich ihrer Rolle als Nicole Chang in GAMBIT.

THE TONIGHT SHOW STARRING JOHNNY CARSON. – 14.10.1969, NBC.

PRUDENTIAL'S ON STAGE PRESENTS THE TONY AWARDS. – 19.4.1970, NBC.

MONDAY NIGHT AT THE MOVIES. – 13.7.1970, NBC. – Zu Gast: Shirley MacLaine anläßlich ihrer Rolle als Gittel Mosca in TWO FOR THE SEESAW.

TODAY. – 19.11.1970, NBC. – Interview mit Shirley MacLaine über ihr Buch »Don't Fall Off the Mountain«.

A WORLD OF LOVE. – 22.12.1970, CBS. – Regie: Clark Jones. – Buch: Hildy Parks. – Musik: Elliot Lawrence. – Produzent: Alexander H. Cohen. – Länge: 60 M. – Mit: Richard Burton, Barbra Streisand, Julie Andrews, Harry Belafonte, Audrey Hepburn, Florence Henderson. – Als Gastgeber moderieren Shirley MacLaine und Bill Cosby dieses Special, das den Kindern auf der ganzen Welt gewidmet ist.

SHIRLEY'S WORLD. – 15.9.1971, ABC (Premiere der Serie; letztes Sendedatum: 5.1.1972, ABC). – Regie: Ralph Levy, Ray Austin, Charles Crichton. – Musik: John Barry, Laurie Johnson. – Titel-Song: Shirley's World (John Barry). – Produktion: Incorporated Television Company (ITC)/Associated Television (ATV). – Produzenten: Barry Delmaine, Ray Austin. – Länge: 17 Episoden à 30 M. – Darsteller: Shirley MacLaine, John Gregson. – Pech für Weltstar Shirley MacLaine (37). Die erste Fernsehserie der bekannten Filmschauspielerin wurde bereits nach 17 Folgen aus dem Programm gestrichen. Die US-Fernsehgesellschaft »ABC« sah sich dazu gezwungen, nachdem die Abenteuer-Serie, in der Shirley eine Illustrierten-Reporterin spielt, niederschmetternde Kritiken bekam. Eine Zeitung riet ihren Lesern: »Meiden Sie diese Serie wie die Pest.« (Bild-Zeitung, 28.10.1971)

NBC FRIDAY NIGHT AT THE MOVIES. – 11.2.1972, NBC. – Zu Gast: Shirley MacLaine anläßlich ihrer Rolle als Sister Sara in TWO MULES FOR SISTER SARA.

TODAY FROM LOS ANGELES. – 5.6.1972, NBC. – Shirley MacLaine spricht über die Rolle von Künstlern in der Politik.

ELECTION '72 – DEMOCRATIC NATIONAL CONVENTION. – 11.7.1972, NBC.

ELECTION '72 – DEMOCRATIC NATIONAL CONVENTION. – 13.7.1972, NBC.

SATURDAY NIGHT AT THE MOVIES. – 20.1.1973, NBC. – Gastauftritt.

TODAY. – 20.4.1973, NBC. – Gastauftritt.

NBC SATURDAY NIGHT AT THE MOVIES. – 29.12.1973, NBC. – Zu Gast: Shirley MacLaine anläßlich ihrer Rolle als Charity in SWEET CHARITY.

AMERICAN FILM INSTITUTE SALUTE TO JAMES CAGNEY. – 18.3.1974, CBS. – Shirley MacLaine als Co-Presenter des Life Achievement Award.

THE 46TH ANNUAL ACADEMY AWARDS, OSCAR TELECAST. – 2.4.1974, NBC. – Gastauftritt.

SHIRLEY MACLAINE: IF THEY COULD SEE ME NOW. – 28.11.1974, CBS. – Länge: 60 M. – Regie: Robert Scheer. – Buch: Robert Wells, John Bradford, Cy Coleman. – Musik: Donn Trenner. – Choreographie: Alan Johnson. – Produzent: Robert Wells. – Mit: Shirley MacLaine, Carol Burnet. – Titel im deutschen Fernsehen WENN SIE MICH JETZT SEHEN KÖNNTEN: 25.2.1976, ARD. – Auf dem Bildschirm präsentiert das Show-Talent heute die mit drei Kritiker-Preisen ausgezeichnete Las-Vegas-Show »Wenn Sie mich jetzt sehen könnten ...« Damit meint sie ihre Freunde aus der Anfangszeit ihrer künstlerischen Karriere, vielleicht aber auch die Kleinbürger in Richmond/Virginia, aus deren Lebenskreis die temperamentvolle Dame einst ausbrach. Wir werden eine Personality-Show ganz besonderer Art sehen: Mit Mitteln des Show-Business erzählt Shirley MacLaine die wichtigsten Stationen ihrer Karriere. (G.F., Die Welt, 25.2. 1976)

V.I.P.-SCHAUKEL. – 19.2.1975, ZDF. – Margret Dünser präsentiert Prominente. Gaststar dieser Sendung ist Shirley MacLaine.

TODAY. – 12.3.1975, NBC. – Gastauftritt und Vorstellung ihres neuen Buches »You Can Get There from Here«.

THE TONIGHT SHOW STARRING JOHNNY CARSON. – 1.4. 1975, NBC. – Gastaufftritt.

THE 47TH ANNUAL ACADEMY AWARDS, OSCAR TELECAST. – 8.4.1975, NBC. – Gastauftritt.

THE CAROL BURNETT SHOW. – 4.10.1975, CBS. – Gastauftritt.

TEXACO PRESENTS HIGHLIGHTS OF A QUARTER OF BOB HOPE SPECIALS. – 24.10.1975, NBC. – Auftritt in einem der Ausschnitte.

GYPSY IN MY SOUL, SPECIAL. – 20.1.1976, ABC. – Regie und Choreographie: Tony Charmoli. – Produzenten: Cy Coleman, Fred Ebb, William O. Harbach. – Länge: 60 M. – Mit: Shirley MacLaine, Lucille Ball (Stargast). – Titel im deutschen Fernsehen SHIRLEY MACLAINE: TANZ IST MEIN LEBEN: 18.5.1977, ZDF. – 42 Jahre ist Shirley heute alt, und erst vor drei Jahren begann sie sich, nach einer Broadway- und Hollywoodkarriere und einem Zwischenspiel als Dokumentaristin, eine neue internationale Karriere als Showstar aufzubauen. Dank ihrer eisernen Selbstdisziplin und ihres unbegrenzten Arbeitseifers war sie auch bald wieder ganz oben und ist seither ununterbrochen auf Reisen, wie kürzlich in der Bundesrepublik. TANZ IST MEIN LEBEN heißt MacLaines Devise, und so lag es nahe, daß eine ihrer TV-Shows (sie entstand 1976) mit diesem Motto überschrieben ist. Das ZDF zeigt die von Tony Charmoli inszenierte Show, die eine musikalische Autobiographie der Hauptakteurin sein könnte, heute abend. (P.K., Berliner Morgenpost, 18.5.1977)

CELEBRATION: THE AMERICAN SPIRIT. – 25.1.1976, ABC. – Regie: Marty Pasetta. – Buch: Marty Farrell, Marc London. – Musik: Jack Elliott, Allyn Ferguson. – Choreographie: Jaime Rogers. – Bauten: Gene McAvoy. – Produzent: Marty Pasetta. – Länge: 90 M. – Mit: Don Adams, James Caan, Ray Charles, Pat Cooper, Jack Lemmon, Trini Lopez, Shirley MacLaine, Frank Sinatra. – Ein musikalischer Salut »to the glory and vitality of the American Spirit«.

TOMORROW. – 14.7.1976, NBC. – Gastauftritt.

THE BIG EVENT – LIFE GOES TO THE MOVIES. – 31.10. 1976, NBC. – Gastauftritt.

THE BIG EVENT – NBC: THE FIRST FIFTY YEARS. – 21.11. 1976, NBC. – Áuftritte in Ausschnitten alter NBC-Shows.

INAUGURAL EVE GALA PERFORMANCE SPECIAL. – 19.1. 1977, CBS. – Gastauftritt. – Gala anläßlich der Präsidentenwahl von Jimmy Carter.

LAS VEGAS ENTERTAINMENT AWARDS. – 3.3.1977, NBC. – Verleihung der Preise unter anderem an Shirley MacLaine.

THE SHIRLEY MACLAINE SPECIAL: WHERE DO WE GO FROM HERE? – 12.3.1977, CBS. – Regie: Tony Charmoli. – Buch: Digby Wolfe. – Musik: Donn Trenner. – Choreographie: Alan Johnson. – Ausstattung: Robert Kelly. – Produzent: George Schlatter. – Mit: Shirley MacLaine, Les Ballets Trocadero de Monte Carlo, Don Ellis and his Electric Orchestra ›Laserium‹, Don Rickles, Dean Martin, Bob Hope, Orson Welles, James Stewart, Jimmy Walker. – Titel im deutschen Fernsehen EINE ROSE FÜR SHIRLEY. Show mit Shirley MacLaine: 24.11.1978, ZDF. – Ihre Show, optisch ausgestattet mit den raffiniertesten Lichteffekten, wurde im letzten Frühjahr beim Internationalen Fernsehfestival in Montreux mit dem ersten Preis, der »Goldenen Rose«, ausgezeichnet. Ihr komödiantisches Können beweist Shirley MacLaine heute unter anderem in einem Sketch, der sie als alte Frau in der Küche zeigt, wo sie ihre liebe Not hat mit all den hypermodernen Geräten. (Programmhinweis in: HÖRZU, Nr.46, 18.-24.11.1978)

THE BIG EVENT – LIFE GOES TO THE MOVIES. – 29.8.1977, NBC. – Gastauftritt.

THE BIG EVENT: EMMY AWARDS. – 11.9.1977, NBC. – Gastauftritt.

AMERICA SALUTES THE QUEEN. – 29.11.1977, NBC. – Gastauftritt.

LAUGH-IN. – 20.12.1977, NBC. – Gastauftritt zusammen mit Bella Abzug.

35TH ANNUAL GOLDEN GLOBE AWARDS. – 29.1.1978, NBC. – Verleihung der Preise unter anderem an Shirley MacLaine.

THE TONIGHT SHOW STARRING JOHNNY CARSON. – 3.3.1978, NBC. – Gastauftritt.

TODAY. – 22.3.1978, NBC. – Gastauftritt.

SECOND ANNUAL HOLLYWOOD OUTTAKES. – 26.3.1978, NBC. – Mit Filmausschnitten aus Shirley MacLaine-Filmen.

CBS ON THE AIR: A CELEBRATION OF 50 YEARS. – CBS, 28.3.1978.

TODAY. – 3.4.1978, NBC. – Gastauftritt.

THE 30TH ANNUAL EMMY AWARDS. – CBS, 17.9.1978.

SIXTY MINUTES. – CBS, 15.10.1978. – Beitrag LORD LEW OF SHOWBIZ. – Interview mit dem Film- und Fernsehproduzenten Lord Lew Grade, der Shirley MacLaines Fernsehserie

SHIRLEY'S WORLD produzierte. Shirley MacLaine diskutiert mit Telly Savalas über Lew Grade.

SHIRLEY MACLAINE AT THE LIDO. CBS, 20.5.1979. Musik: Billy Byers, Nick Peroto. – Länge: 60 M. – Mit: Shirley MacLaine, Tom Jones, Les Bluebell Girls.

THE SENSATIONAL, SHOCKING, WONDERFUL, WACKY 70S. – NBC, 4.1.1980. – Regie: Jeff Margolis. – Musik: Lenny Stack. – Produzent: Al Schwartz. – Länge: 120 M. – Mit: Dick Clark, Sonny Bono (Gastgeber), Roy Clark, Hugh Hefner, Sherman Hemsley, Henry Fonda, Steve Martin, Paul Newman, Diane Keaton, Shirley MacLaine, Woody Allen. – Ein Rückblick auf die Siebziger: die Menschen, die Ereignisse, die Musik und die Trends.

SHIRLEY MACLAINE ... »EVERY LITTLE MOVEMENT«. – 22.5.1980, CBS. – Regie: Dwight Hemion. – Buch: Buz Kohan. – Musik: Ian Frasier. – Produktion: MacLaine Enterprises & Smith-Hemion Productions. – Produzenten: Gary Smith, Dwight Hemion. – Länge: 60 M. – Mit: Shirley MacLaine, Kurt Thomas, Dean Martin, Alan Johnson Dancers. – Titel im deutschen Fernsehen SHIRLEY MACLAINE. TÄNZERISCHE VARIATIONEN SPIELERISCH DARGESTELLT: 22.9. 1980, ZDF. – Als »roten Faden« dieses Fernseh-Specials hat sich Shirley MacLaine das Thema »Bewegung« erwählt. Am Beispiel sportlicher Disziplin, tänzerisch dargeboten, vermittelt Schauspielerin und Show-Star Shirley MacLaine dem Zuschauer die Freude an der Bewegung. Kleinkinder beim Spielen, Sportler bei vollendeter Gymnastik, Boxen, Seilhüpfen oder in fernöstlichen Kampfsportgebärden. Mit dem Weltstar im Bodenturnen und am Reck – Kurt Thomas – gewinnt die Demonstration perfekter harmonischer Bewegungen eine erweiterte Dimension. Gemeinsam mit Dean Martin tritt Shirley MacLaine als Gesangs- und Tanzpaar eines Varietés der goldenen zwanziger Jahre auf. Den Höhepunkt der Show aber bilden Shirley MacLaines hervorragende tänzerische Interpretationen der unterschiedlichsten Stilauffassungen namhafter amerikanischer Musical- und Revue-Choreografen. (ZDF Programm, Nr.39, 1980)

THE 33RD ANNUAL EMMY AWARDS. – CBS, 13.9.1981.

BARYSHNIKOV IN HOLLYWOOD. – CBS, 21.4.1982. – Regie: Don Mischer. – Buch: Buz Kohan, Bob Arnott. – Musik: Peter Matz. – Ausstattung: Ron Christopher. – Produzent: Don Mischer. – Länge: 60 M. – Mit: Mikhail Baryshnikov, Dom DeLuise, Shirley MacLaine, Bernadette Peters, Charles Nelson Reilly, Orson Welles, Gene Wilder.

SHIRLEY MACLAINE: ILLUSIONS. – CBS, 24.6.1982. – Regie: Don Mischer. – Buch: Buz Kohan. – Musik: Peter

OUT ON A LIMB: Shirley MacLaine

Matz. – Choreopgraphie: Alan Johnson. – Ausstattung: Ron Christopher. – Produzent: Don Mischer, Buz Kohan. – Länge: 60 M. – Mit: Shirley MacLaine, Gregory Hines. – Titel im deutschen Fernsehen ILLUSIONEN: 1.1.1986, ARD. – Wie will man diese neue Show der Preisträgerin des Emmy-Award klassifizieren? Als Personality-Show einer ungewöhnlichen Frau? Als Tanz- und Gesangsshow einer großen Künstlerin? Als getanztes Spiel? Von allem ist etwas darin in dieser erzählenden Show, in der eine erfahrene, schalkhafte, heitere und manchmal melancholische Frau die Geschichte ihres Lebens in Lied und Tanz und Spiel erzählt. Eine Liebesgeschichte. Eine Geschichte von der Kraft und der Realität der Illusionen. Eine Show-Geschichte. Unterstützt wird sie dabei von dem Tony-Award-Preisträger Gregory Hines. (ARD Programm, Januar 1986)

THE FOURTH ANNUAL TV GUIDE SPECIAL: 1982 – THE YEAR IN TELEVISION. – NBC, 24.1.1983.

THE TONIGHT SHOW STARRING JOHNNY CARSON. – NBC, 7.9.1983.

THE SOUTHBANK SHOW – BARYSHNIKOV: THE DANCER AND THE DANCE. – London Weekend Television, 23.12.1983. – Erzählerin: Shirley MacLaine. – Der erste Teil einer zweiteiligen Sendung über den russischen Tänzer mit Filmausschnitten. Shirley MacLaine berichtet unter anderem über den Einfluß Baryshnikovs auf den amerikanischen Tanz.

SIXTY MINUTES. – CBS, 8.4.1984. – Mike Wallace interviewt Shirley MacLaine.

THE SHIRLEY MACLAINE SPECIAL. – 11.2.1985, Paycable (Showtime). – Regie: Don Mischer, Alan Johnson. – Buch: Bud Cohan. – Musik: Marvin Hamlisch, Christopher Adler, Jack French. – Produktion: MacLaine Enterprises/Don Mischer Productions. – Produzent: Michael Flowers, Don Mischer. – Länge: 90 M. – Mit: Shirley MacLaine, Mark Reina, Larry Vickers, Gerri Reddick, Toni Yuskis. – Mitschnitt eines Auftritts von Shirley MacLaine im Wilshire Theater in Los Angeles.

AMERICAN FILM INSTITUTE SALUTE TO GENE KELLY. – CBS, 7.5.1985.

LIBERTY WEEKEND. – ABC, 3.7.1986. – Opening Ceremonies. – Bei der Eröffnungsveranstaltung zu den Feierlichkeiten des »4. Juli« stellt Shirley MacLaine die Sänger Neil Diamond, Diane Schuur, Larry Gatlin und José Feliciano vor.

LIBERTY WEEKEND. – ABC, 6.7.1986. – Closing Ceremonies. – Bei der Abschlußversanstaltung zu den Feierlich-

keiten des »4. Juli« tritt Shirley MacLaine im Showprogramm mit »Hooray for Hollywood« auf.

OUT ON A LIMB. – ABC, 18., 19.1.1987 – Regie: Robert Butler. – Buch: Colin Higgins, Shirley MacLaine (nach der gleichnamigen Autobiografie von Shirley MacLaine). – Kamera: Bradford May, Frank Holgate, Doug Holgate. – Musik: Lalo Schifrin. – Produktion: Stan Margulies Co./ABC Circle Films. – Produzenten: Stan Margulies, Colin Higgins. – Länge: 300 M. – Mit: Shirley MacLaine, Charles Dance, John Heard, Anne Jackson, Jerry Orbach. – Titel im deutschen Fernsehen ZWISCHENLEBEN: 13., 15., 22., 29.11.1988, WDR. – Ich war ausgelaugt von den Dreharbeiten zu einer fünfstündigen Fernsehserie, die nach meinem Buch »Zwischenleben« entstanden war und in der ich mich selbst darstellte. Durch meine erste Begegnung mit Peru wurde ich angeregt, mir Gedanken darüber zu machen, ob die Realität des Lebens andere Dimensionen habe als die, die wir sehen, erfassen oder beweisen können. (Shirley MacLaine: Zauberspiel. München: Goldmann 1988, S. 12)

THE BARBARA WALTERS SPECIAL. – ABC 30.3.1987.

THE FIRST ANNUAL AMERICAN COMEDY AWARDS. – ABC, 19.5.1987.

The AFI Salute to Barbara Stanwyck. – ABC, 29.5.1987.

IRVING BERLIN'S 100TH BIRTHDAY CELEBRATION. – CBS, 27.5.1988.

THE AFI SALUTE TO JACK LEMMON. – CBS, 10.3.1988.

THE TONIGHT SHOW STARRING JOHNNY CARSON. – NBC, 9.6.1989.

GREAT PERFORMANCES: DANCE IN AMERICA. BOB FOSSE: STEAM HEAT. – WNET-TV, 23.2.1990.

FRANK SINATRA: THE VOICE OF OUR TIME. – WNET-TV, 9.3.1991. – Interviews und Mitschnitte von Konzerten sowie Filmausschnitte, unter anderem SOME CAME RUNNING.

FIFTY YEARS OF FUNNY FEMALES. – ABC, 29.6.1995.

THE WEST SIDE WALTZ. – CBS, 23.11.1995. – Regie: Ernest Thompson. – Buch: Ernest Thompson (nach seinem Theaterstück). – Kamera: Steve Yaconelli. – Schnitt: Robert Florio. – Musik: Patrick Williams. – Bauten: Donald Light-Harris. – Produktion: Von Zerneck-Sertner Films / CBS Entertainment Productions / Allied Communications. – Produzent: Randy Sutter. – Länge: 120 M. – Darsteller: Shirley

MacLaine, Liza Minnelli, Jennifer Grey, August Schellenberg, Kathy Bates. – Comedy-Drama über drei grundverschiedene Frauen, die in Manhattans Upper West Side leben. Shirley MacLaines Rolle wurde in der Broadway-Inszenierung von Katherine Hepburn dargestellt.

JACK LEMMON. – PBS, 6.11.1996. – Regie: Susan F. Walker. – Buch: Hillary De Vries. – Kamera: Bill Megalos, James Callanan, Arnie Sirlin. – Produktion: EMK/Devillier Donegan Enterprises. – Produzentinnen: Susan F. Walker, Iris Merlis. – Erzählerin: Shirley MacLaine. – Porträt über Jack Lemmon mit Filmausschnitten und mit Berichten von Billy Wilder, Blake Edwards, Constantin Costa-Gavras, Walter Matthau und Shirley MacLaine.

HAPPY BIRTHDAY ELIZABETH: A CELEBRATION OF LIFE. – ABC, 24.2.1997. – Regie: Jeff Margolis. – Buch: Stephen Pouliot, Bruce Vilanch. – Kamera: Dave Eastwood, Tom »Scoop« Geren, Larry Heider, Dave Hilmer, Marc Hunter, Dave Irete, David Levisohn, Kenny Paterson, Bill Philbin, David Plakos, Hector Ramirez. – Musik: Glen Roven. – Bauten: John Galkins, Jeremy Ralton. – Produktion: Gary L. Pudney Company / Tall Pony / Greengrass Productions. – Produzent: Anthony Eaton. – Länge: 90 M. – Mit: Elizabeth Taylor, David Copperfield, Shirley MacLaine, David Schwimmer, Kevin Bacon, John Travolta, Carol Burnett, Claudia Schiffer, Lily Tomlin. – Titel im deutschen Fernsehen LIZ TAYLOR – EINE LEGENDE WIRD GEFEIERT: 16.11.1997, arte. – Eine Hommage an Elizabeth Taylor anläßlich ihres 65. Geburtstags, mit Ausschnitten aus ihren Filmen, Show-Einlagen, die an Stationen ihrer Karriere erinnern, und vielen Festreden, die Kolleginnen und Kollegen halten. Shirley MacLaine ist eine der Gratulantinnen.

INSIDE THE ACTORS STUDIO. ACTRESS SHIRLEY MACLAINE. – Bravo, 28.10.1998.

LOUISE BROOKS: LOOKING FOR LULU. – TCM, 28.11.1998. – Shirley MacLaine erzählt die Lebensgeschichte der Stummfilmschauspielerin Louise Brooks.

Shirley MacLaine als Erzählerin

TOMMY AND DEE-DEE. – USA 1967. – Produktion: Bank Street College of Education. – Länge: 5 M. – Unterrichtsmaterial, 16 mm, Farbe. – Erzählerin: Shirley MacLaine.

NOISY NANCY NORRIS. – USA 1967. – Produktion: Bank Street College of Education. – Länge: 11 M. – Unterrichtsmaterial, 16 mm, Farbe. – Erzählerin: Shirley MacLaine.

Can-Can: Shirley MacLaine

TERMS OF ENDEARMENT: Shirley MacLaine

GUARDING TESS: Shirley MacLaine

Waiting for the Light: Shirley MacLaine

Literatur

Texte von Shirley MacLaine

Bücher

Don't Fall Off the Mountain. New York: Norton 1970. Dt.: Raupe mit Schmetterlingsflügeln. Eine Autobiographie. Frankfurt am Main: Goverts-Krüger-Stahlberg 1972

McGovern: The Man and his Beliefs. Selected and edited by Shirley MacLaine. New York: Norton 1972

The New Celebrity Cookbook. Introduced by Shirley MacLaine. Collected by Shirley MacLaine on behalf of »Woman For«. Los Angeles: Price, Stern, Sloan 1973

You Can Get There from Here. New York: Norton 1975. Dt.: Schritt für Schritt. München: Goldmann 1987

Out on a Limb. New York, Toronto, London, Sydney, Auckland: Bantam 1983. Dt.: Zwischenleben. München: Goldmann 1984

Dancing in the Light. New York, Toronto, London, Sydney, Auckland: Bantam 1985. Dt.: Tanz im Licht. München: Goldmann 1986

It's All in the Playing. New York, Toronto, London, Sydney, Auckland: Bantam 1987. Dt.: Zauberspiel. München: Goldmann 1988

Going Within. A Guide for Inner Transformation. New York, Toronto, London, Sydney, Auckland: Bantam 1989. Dt.: Die Reise nach innen. Mein Weg zu spirituellem Bewußtsein. München: Goldmann 1989

Dance While You Can. New York, Toronto, London, Sydney, Auckland: Bantam 1991. Dt.: Tanze, solange du kannst. München: Goldmann 1992

My Lucky Stars. A Hollywood Memoir. New York, Toronto, London, Sydney, Auckland: Bantam 1995. Dt.: Glückssterne. Mein Leben. München: Goldmann 1996

Artikel

Nobody Really Knows Me – Except Me. In: Family Weekly, 29.1.1961

I Lived with Street Walkers. In: Photoplay, August 1963

The Pretty American Abroad. In: Carte Blanche, 1964

Eros and the Nixon Administration. In: Newsweek, 7.5.1973

Back Talk: Propaganda Is What You Don't Agree With. In: New York Times, 6.4.1975

One for the Road. In: Newsweek, 25.5.1998 (über Frank Sinatra)

Über Shirley MacLaine

Bücher

Patricia Erens: The Films of Shirley MacLaine. South Brunswick, New York: A.S. Barnes 1978

Christopher Paul Denis: The Films of Shirley MacLaine. Secaucus, New York: Citadel 1980

Roy Pickard: Shirley MacLaine. Turnbridge Wells, Kent: Spellmount 1985

James Spada: Shirley & Warren. New York: Macmillan 1985

Michael Freedland: Shirley MacLaine. London: W.H. Allen 1986. Dt.: Shirley MacLaine. Bergisch Gladbach: Gustav Lübbe 1986

Frauke Hanck, Lothar Just: Shirley MacLaine. Ihre Filme, ihr Leben. München: Heyne 1986

James W. Sire: Shirley MacLaine and the New Age Movement. Downers Grove: InterVarsity 1988

Buchkapitel

James Robert Parish: 118 Pounds. Reddish-brown Hair. Blue Eyes. Taurus. In: The Paramount Pretties. New Rochelle (New York): Arlington House 1972. S. 541-565

Leonard Probst: Shirley MacLaine: I've Come Out the Other End of My Tunnel. In: Off Camera. New York: Stein and Day 1975. S. 213-222

Henry Gordon: Extrasensory Deception: ESP, Psychics, Shirley MacLaine, Ghosts, UFOs. Buffalo, New York: Prometheus 1987

Uta van Steen: Shirley MacLaine: Struppi mit goldenem Herzen. In: Paul Werner, Uta van Steen: Rebellin in Hollywood. 13 Porträts des Eigensinns. Münster: Medium, Blitzhenner 1987. S. 187-201

Henry Gordon: Channeling into the New Age. The »Teachings« of Shirley MacLaine and other such Gurus. An Unauthorized Account. Buffalo: Prometheus 1988

Zeitungen/Zeitschriften

Jesse Zunser: The 3 Faces of Shirley. In: Cue, 26.4.1958

Saved at the Altar. Young Actors Restage Sennett's Fantastic World of Furious Fun. In: Life, 22.12.1958 (Fotoserie, u.a. mit Shirley MacLaine, Debbie Reynolds, Kim Novak, Lee Remick, Dana Wynter, Joan Collins, Don Murray, Rock Hudson, Jim Garner, Paul Newman)

Anonym: Shirley MacLaine. She Has Style. In: Hollywood Close-Up, Vol. 2, Nr. 2, 29.1.1959

Anonym: The Ring-a-Ding Girl. In: Time, Vol. 73, Nr. 25, 22.6.1959

Eleanor Harris: Shirley MacLaine: Free Spirit. In: Look, 15.9.1959

Jon Whitcomb: Shirley MacLaine. Sassy and Off-Beat. In: Cosmopolitan, September 1959

Frank Sinatra: Shirley Is the Greatest! In: This Week Magazine, 21.2.1960

Volker Baer: Dame Kobold aus Amerika. Die Schauspielerin Shirley MacLaine. In: Der Tagesspiegel, 11.9.1960

Anonym: East-West Twain Find a Meeting in MacLaine. In: Life, 17.2.1961 (Fotoserie)

Hedda Hopper: Kook's Tour with Shirley MacLaine. In: The Los Angeles Times, 8.4.1962

Joseph Roddy: New-style Star Tries a Rough Role. In: Look, 29.1.1963 (Fotoserie von Philippe Halsman)

Friedrich Porges: Ein Hollywoodstar neuen Stils. Gespräch mit der Schauspielerin Shirley MacLaine. In: Süddeutsche Zeitung, 28.4.1963

C. Robert Jennings: Body by MacLaine – in Originals by Edith Head. In: Saturday Evening Post, 30.11.1963 (Fotos)

Frank Rasky: Shirley MacLaine: Is She – or Isn't She – a Kook? In: The Star Weekly Magazine, 26.9.1964

Oriana Fallaci: Shirley MacLaine. In: Elle, März 1965 (Interview)

Charles Champlain: Shirley Travels to Get Star Out of Her System. In: The Los Angeles Times, 30.1.1966

Lieselotte Trumpler: Ich bleibe ich. In: Brigitte, 7.6.1966

Kevin Thomas: Shirley's Quiet Role as an Activist. In: The Los Angeles Times, 18.6.1968

C. Robert Jennings: Welcome Back Shirley. In: The Los Angeles Times, 16.3.1969

Hollis Alpert: The Diversification of Shirley MacLaine. In: Saturday Review, 27.2.1971

Scott MacDonough: A Lady in Her Prime: Miss Shirley MacLaine. In: Show, Mai 1971

Judy Klemesrud: Shirley: »Let's Tax Diapers!« In: The New York Times, 8.8.1971

Elizabeth Peer: Shirley's Road Show. In: Newsweek, 25.9.1972

Erich Kocian: »Irma La Douce« verwirklicht jetzt ihre Träume. Gespräch mit Shirley MacLaine. In: Berliner Morgenpost, 28.12.1973

Stuan Considine: Shirley MacLaine: Sweet Shirley Doesn't Live Here Anymore. In: After Dark, Juli 1975

Margret Dünser: Glückwunsch für die Ohrfeigen. Shirley MacLaine, der Star, der Hollywood links liegen ließ und seinen Weg ging. In: Die Welt, 29.11.1975

Rolf R. Bigler: Ein Clown mit langen Beinen. In: Stern, 12.2.1976

Manfred Sack: Shirley MacLaine auf Tournee. Freuden bringendes Mädchen. Eine seltene und seltsame Symbiose von Ballett und Wirklichkeit. In: Die Zeit, 20.2.1976

Liselotte Millauer: Shirley über das Leben, die Liebe und den Sex. In: Berliner Sonntagspost. Das Magazin der Berliner Morgenpost, 22.2.1976

Ich frage mich, wieviel wir gelernt haben. Ein Gespräch mit Shirley MacLaine von Albert Krogmann. In: Frankfurter Rundschau, 26.2.1976

Sue Reilly: Shirley MacLaine Explaines. In: McCall's, August 1976

Clarke Taylor: MacLaine: Long-Distance Runner Changes Pace. In: The Los Angeles Times, 3.10.1976

Wilhelm A. Liefland: Neu im Repertoire: Präsident Carter. Shirley MacLaine 1977 wieder unterwegs. In: Frankfurter Rundschau, 21.4.1977

Clifford Terry: Shirley MacLaine: Revved Up, Roarin', and Real. In: Cosmopolitan, August 1977

Wayne Warga: Renaissance Woman. In: The Los Angeles Times, 16.10.1977

Victoria Wolff: Eine temperamentvolle, eine intelligente Frau – eben eine gute Schauspielerin. In: Madame, Mai 1978

Natalie Gittelson: Shirley MacLaine: On Her Own and Loving It. In: McCall's, September 1980

Viel Ernst hinter der Clownsmaske. Kurier-Exklusivinterview mit Shirley MacLaine von Rudolf John. In: Wiener-Kurier, 13.2.1981

Peter Nonnenmacher: Shirleys Enthüllungen und die Labour-Politiker. In: Frankfurter Rundschau, 6.6.1983

Tom Burke: Far Out Yet Very Much. In: Cosmopolitan, Februar 1984

Aljean Harmetz: Call It Mad, But It's Pure MacLaine. In: The New York Times, 1.4.1984

Hans-Dieter Seidel: Die Frau mit den vielen Gesichtern. In: Frankfurter Allgemeine Zeitung, 16.4.1984

John Simon: From Vegas with Love. In: New York, 30.4.1984

Robert von Berg: Shirley tanzt mit Oscar. Höhepunkt einer Schauspielerinkarriere. In: Süddeutsche Zeitung, 4.5.1984

William A. Henry III.: The Best Year of Her Lives. In: Time, 14.5.1984 (Cover Story)

Patrick Schupp: Shirley MacLaine, la spontanéité fait femme. In: Séquences (Kanada), Juli 1984

David Rensin: Playboy Interview. In: Playboy, September 1984

Jon Gould: Shirley MacLaine. In: Interview, April 1985

Gloria Steinem: Shirley MacLaine Talks about Spirit vs. Action. In: Ms., Dezember 1985

Leon Wieseltier: Taking Shirley MacLaine Seriously. In: Vanity Fair, Februar 1986

Barbara Grizutti Harrison: Spiritual Glitz. In: Ms., Juli/August 1987

Nina Eastern: Shirley MacLaine's Mysticism for the Masses. In: The Los Angeles Times Magazin, 6.9.1987

Kim Garfield: »The Stage Pushes My Buttoms ...«. In: Drama-Logue, Vol. 21, Nr. 34, 23.-29.8.1990

David Wallace: Gotta Dance. In: The Los Angeles Times, 26.8.1990

Nancy Collins: The Real Shirley MacLaine. In: Vanity Fair, März 1991 (Fotos von Annie Leibovitz)

Didier Roth-Bettoni: Comme un torrent. In: La Revue du Cinéma, Nr. 469, März 1991

Dany Jucaud, Patrick Bruchet: »Il n'y a pas de place pour un homme dans ma vie.« In: Paris Match, 28.3.1991

Merle Ginsberg: Mighty MacLaine. In: WProfile, Januar 1994

Karen De Witt: A Free Spirit of a Certain Age. In: The New York Times, 14.3.1994

Molly Haskell: Shirley MacLaine. Still Here. In: Film Comment, Nr. 31, Mai/Juni 1995

Michael Rechtshaffen: On Her Own Terms. In: The Hollywood Reporter (Golden Globes Special Issue), 13.–19.1.1998

WebSites

http://www.celebsite.com/people/shirleymaclaine/content/sites.html (Link zu »Shirley Is God«)

http://www.fansites.com/shirley_maclaine.html

http://www.geocities.com/Hollywood/9766/maclaine.html (Links zu anderen MacLaine-WebSites)

http://www.members.tripod.com/~shirleymaclaine/

http://www.tv-now.com/stars/maclaine.html (Aktuelle Sendetermine von Filmen mit Shirley MacLaine)

http://www-spry.lycos.com/wguide/wire/wire_166762401_58756_3_1.html (Sammlung von MacLaine-Links)

http://www.starbuzz.com/guide/S/Shirley_MacLaine.html

Hinweise

Autoren

Helga Belach, Studium Publizistik, Soziologie, Germanistik.1967–1969 Redakteurin der »Filmblätter«. 1970–1998 Redakteurin der Stiftung Deutsche Kinemathek. Herausgeberin und Redakteurin verschiedener Publikationen der Kinemathek. Lebt in Berlin.

Jörg Becker, Studium Geschichte, Germanistik und Philosophie in Berlin. 1981–1985 Mitarbeiter der »Filmkritik«. Texte u.a. für »filmwärts«, »die tageszeitung«, »Deutsches Allgemeines Sonntagsblatt«. Verschiedene Publikationen, u.a. »Die Kunst, uns zu rühren. Vier Filme von Jacques Demy«. Filmarbeiten. Lebt in Berlin.

Annett Busch, Studium Theater-, Film- und Fernsehwissenschaften in Köln. Filmredakteurin der »Stadtrevue Köln«. Redakteurin bei »Spex«. Lebt in Köln.

Andrea Dittgen, Studium Germanistik, Romanistik und Musikwissenschaft in Saarbrücken. Kulturredakteurin bei »Die Rheinpfalz«. Lebt in Saarbrücken.

Michael Esser, Buchhändlerlehre, Studium Germanistik und Theaterwissenschaft in Berlin. Mitarbeiter und Herausgeber verschiedener Publikationen, u.a. »Gleißende Schatten: Kamerapioniere der zwanziger Jahre«. Wissenschaftlicher Mitabeiter im Deutschen Historischen Museum (Zeughauskino). Lehraufträge an der Freien Universität Berlin. Lebt in Berlin.

Marli Feldvoß, Studium Romanistik, Germanistik und Filmwissenschaft in Frankfurt am Main und Paris. Texte u.a für »Frankfurter Rundschau«, »Frankfurter Allgemeine Zeitung«, »Neue Zürcher Zeitung«. Beiträge für Rundfunk und Fernsehen. Lehrbeauftragte an verschiedenen deutschen Universitäten. Lebt in Frankfurt am Main.

Gabriele Jatho, Studium Theaterwissenschaft und Germanistik in Berlin. Mitarbeiterin verschiedener Publikationen, u.a. »Die Fabrik des Exzentrischen Schauspielers«. Redakteurin der Stiftung Deutsche Kinemathek. Lebt in Berlin.

Annette Kilzer, Studium Theaterwissenschaft und Germanistik. Texte u.a. für »tip«, »Berliner Zeitung«, »Splatting Image«. Mitbegründerin und -herausgeberin der Zeitschrift »Gaffer«. Mitarbeit an verschiedenen Filmbüchern. Lebt in Berlin.

Heike Klapdor, Literaturwissenschaftlerin und Filmhistorikerin. Publikationen, Rundfunk- und Fernsehfeatures u.a. über Exilliteratur und Filmexil. Mitherausgeberin und Redakteurin der Zeitschrift »FilmExil«. Lebt in Berlin.

Donata Koch-Haag, Studium Filmwissenschaft und Komparatistik. Texte für Tageszeitungen. Wissenschaftliche Mitarbeiterin am Lehrstuhl Geschichte und Ästhetik an der Friedrich-Schiller-Universität in Jena. Lebt in Berlin und Jena.

Daniel Kothenschulte, Studium Kunstgeschichte und Theaterwissenschaft in Bochum. Texte u.a. für »film-dienst«, »Kölner Stadt-Anzeiger«. Verschiedene Publikationen, u.a. »Nachbesserungen am amerikanischen Traum. Der Regisseur Robert Redford«. Fernsehbeiträge. Lebt in Köln.

Frank Noack, Studium Anglistik, Germanistik und Psychologie. Texte u.a. für »Der Tagesspiegel«, »Siegessäule« und »CineGraph«. Lebt in Berlin.

Karlheinz Oplustil, Studium Romanistik und Rechtswissenschaft. Jurist und Filmpublizist. Texte u.a. für »epd Film«, »Du«, »Cicim«. Beiträge für Rundfunk und Fernsehen, u.a. für den WDR »Das parallele Leben«. Lebt in Berlin.

Christiane Peitz, Studium der Musikwissenschaft. Bis 1991 Kulturredakteurin der »taz«. Seitdem freie Filmkritikerin. Texte u.a. für »Die Zeit«. Publikation: »Marilyns starke Schwestern. Frauenbilder im Gegenwartskino«. Lebt in Berlin.

Yvonne Rehhahn, Buchhandelslehre. Texte u.a. für »Spandauer Volksblatt«, »die tageszeitung«, »Neue Zeit«. Freie Mitarbeiterin der Stiftung Deutsche Kinemathek. Lebt in Berlin.

Jörg Schöning, Verlagshandelslehre. Redakteur von »CineGraph«. Filmredakteur der »Szene Hamburg«. Herausgeber verschiedener CineGraph-Bücher, u.a. »Triviale Tropen«. Lebt in Hamburg.

Silke Schütze, Studium Germanistik und Anglistik. Freie Filmjournalistin. Lebt in Hamburg.

Wolfgang Theis, Koch, Erzieher; Studium der Soziologie, Psychologie und Theaterwissenschaft. Leiter des Fotoarchivs der Stiftung Deutsche Kinemathek. Kurator des Schwulen Museums. Lebt in Berlin.

Andrea Winter, Studium Theaterwissenschaft und Germanistik in Berlin. Freie Journalistin. Texte u.a. für »Siegessäule«. Fernsehbeiträge für Deutsche Welle tv. Lebt in Berlin.

Dank

Für großzügige und freundliche Unterstützung danken wir herzlich:
Shirley MacLaine und
Robert Fischer (Bibliothek der Landesbildstelle, Berlin), Klaus Höppner (Berlin), Rüdiger Koschnitzki (Deutsches Institut für Filmkunde, Frankfurt am Main), Michael Leuffen (Institut für Film- und Fernsehwissenschaft, Köln), Jonathan Lynch-Staunton (J&M Entertainment, London), Brigitte Martin (Oberursel), Alfred S. Newman (Beverly Hills), Dale C. Olsen (Los Angeles), Claudette Powell-Hume (Beverly Hills), Jonathan Rosenthal (The Museum of Television & Radio, New York), Markku Salmi (The British Film Institute, London), Angelika Schäfer (Berlin), Peter Thau (Institut für Theaterwissenschaft der FU Berlin) sowie allen Kolleginnen und Kollegen der Stiftung Deutsche Kinemathek und den Mitarbeiterinnen und Mitarbeitern der dffb.

Für ihre Hilfe bei der Beschaffung von Filmkopien und für Aufführungsgenehmigungen danken wir:
Academy Film Archive, Beverly Hills: Michael Friend; Boston University: Howard Gotlieb, Nathaniel Parks; Cinémathèque Française, Paris: Bernard Martinand; Cinémathèque Suisse, Lausanne: Hervé Dumont, Bernard Uhlmann; Arthur Cohn, Basel; Hollywood Classics, London: Melanie Tebb; MGM/UA, Santa Monica: John Kirk, Irene Ramos; Sony Pictures, Culver City: Grover Crisp; TaurusFilm, Ismaning: Hans Kohl; Twentieth Century-Fox, Beverly Hills: Liz Galvan, Julian Levin; Twentieth Century-Fox, Frankfurt am Main: Peter W. Dignan; United International Pictures: Randolf Schmidt; Universal TV, Paris: Inge Maegerlein; Universal Studios, Universal City: Jan-Christopher Horak; Warner Bros. / Turner Entertainment: Richard P. May.

Fotos

Stiftung Deutsche Kinemathek, Berlin (33), Dale C. Olsen, Los Angeles (15), Academy of Motion Picture Arts and Sciences / The Margaret Herrick Library, Beverly Hills (14), Cinema-Archiv, Hamburg (2), J&M Entertainment, London (1)

Shirley MacLaine, um 1980